Kulinarische PFALZ

KAI UWE LIPPLER
OLIVER GÖTZ
EVA DAWO

HIER FINDEN SIE UNSERE HIGHLIGHTS

KUSEL

56

ALBESSEN

KROTTELBACH

52

ZWEIBRÜCKEN

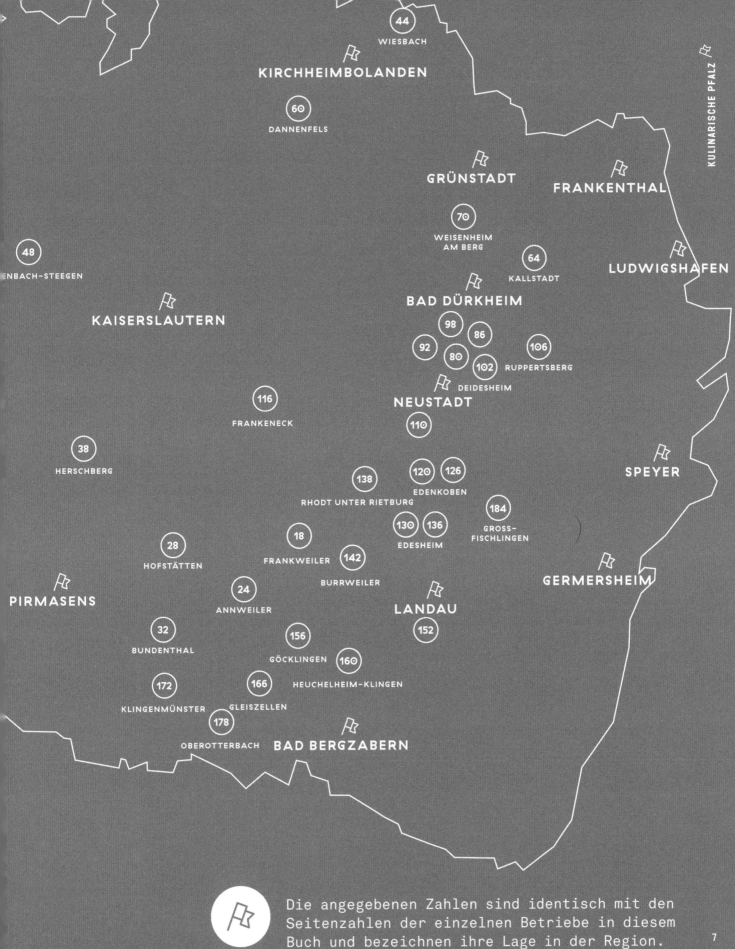

44
WIESBACH

KIRCHHEIMBOLANDEN

60
DANNENFELS

GRÜNSTADT

FRANKENTHAL

70
WEISENHEIM
AM BERG

64
KALLSTADT

LUDWIGSHAFEN

48
ENBACH-STEEGEN

KAISERSLAUTERN

BAD DÜRKHEIM

98

86

92

80

106

102
RUPPERTSBERG

DEIDESHEIM

116
FRANKENECK

NEUSTADT

110

38
HERSCHBERG

138
RHODT UNTER RIETBURG

120   126
EDENKOBEN

SPEYER

130   136
EDESHEIM

184
GROSS-
FISCHLINGEN

28
HOFSTÄTTEN

18
FRANKWEILER

142
BURRWEILER

PIRMASENS

24
ANNWEILER

LANDAU

152

GERMERSHEIM

32
BUNDENTHAL

156
GÖCKLINGEN

160
HEUCHELHEIM-KLINGEN

172
KLINGENMÜNSTER

166
GLEISZELLEN

178
OBEROTTERBACH

BAD BERGZABERN

Die angegebenen Zahlen sind identisch mit den
Seitenzahlen der einzelnen Betriebe in diesem
Buch und bezeichnen ihre Lage in der Region.

UNSERE

REISE

DURCH DIE

KULINARISCHE

PFALZ

Auf den Seiten dieses Buches zeigen wir Ihnen, was die Pfalz kulinarisch zu bieten hat. Wir haben eine Vielzahl von Unternehmen besucht, die sich in diesem lebensfrohen Landstrich dem Thema Genuss verschrieben haben. Wir konnten dabei einmal mehr feststellen, dass sie alle ihr Bestes geben, um uns, ihre Gäste, glücklich zu machen.

Dieses Glück und die beispiellose Gastlichkeit, die wir genießen konnten, hat uns immer wieder ein Lächeln auf unser Gesicht gezaubert. Und nach jedem einzelnen Besuch dachten wir: Was für ein wunderbarer Ort, wir kommen gerne wieder zurück!

Wir bedanken uns an dieser Stelle ganz herzlich für die Freundlichkeit, das Vertrauen und das Lächeln, das uns während unserer Reise durch die Pfalz jeden Tag geschenkt wurde.

Herzlich bedanken wir uns auch bei Frau Susanne Nett und Frau Gina Greifenstein, die sich sofort zu Interviews bereit erklärten und uns verwöhnten. Diese Reise durch die Kulinarische Pfalz hat uns mit Freude beschenkt, und so wollen wir auch Freude zurückgeben. Im redaktionellen Teil: „Das Team kocht" lernen sie uns von einer ganz privaten Seite kennen: am Herd unseres Fotografen Oliver Götz...

– EVA DAWO, TEXT

Ganz bewusst haben wir uns für dieses Buchprojekt dazu entschieden, nur die Sahne der Kulinarischen Pfalz abzuschöpfen. Es ist somit nicht verwunderlich, dass bei den Teilnehmern durchgängig eine Sprache vorherrscht. Wenn es um Qualität und Frische geht, liegt die Latte ganz oben. Auf der einen Seite steht Regionalität im Focus, während andere auf den Top-Listen der Gourmets stehen und sich weltstädtisch präsentieren. Selbstgemacht ist selbstverständlich und an Ideenreichtum und Erfindergeist mangelt es nicht. Hier findet sich großes Knowhow und eingespielte Teams, die freundschaftlich und familiär zusammenarbeiten. Natürlich glänzt die Pfalz auch mit ihrem einmaligen mediterranen Ambiente und einer Herzlichkeit, die typisch ist für die Menschen, die hier leben. Ob Wein, Bier, Whisky oder Gin, Fisch oder Fleisch, ob Gemüse und Obst, Kaffee, Brot oder Kuchen: Wer die Pfalz bereist, wird begeistert sein von einem Angebot, das kaum auszuschöpfen ist. – OLIVER GÖTZ, FOTOGRAFIE UND TEXT

Es ist schwer zum Ausdruck zu bringen, wie sehr mich diese Reise durch die Kulinarische Pfalz nicht nur visuell, sondern auch emotional berührt hat. Unserem Projekt im Vorfeld großes Vertrauen zu schenken, macht die Unternehmerinnen und Unternehmer aus, die Sie in diesem wunderschönen Buch entdecken. Diese bereichernden Begegnungen und das in mich gesetzte Vertrauen war mir zusätzliche Inspiration, mit großer Freude, die richtigen Unternehmen zu vereinen. Unternehmen, die Sie mit ihrer kulinarischen Kreativität begeistern werden. Machen Sie sich jetzt auf den Weg und inspirieren Sie sich! Holen Sie sich köstliche Impulse und entdecken Sie Lokalitäten, die Ihnen den Atem rauben. Verzaubern werden Sie jedoch vor allem die Menschen dahinter, die diesem Buch nicht nur Herzenswärme schenken, sondern ihr Unternehmen mit ihrer einzigartigen Geschichte und ganz viel Herzblut zu dem machen, was es ist: das Erlebnis für all Ihre Sinne! – KAI-UWE LIPPLER, RECHERCHE

VON NONNEN-FÜRZCHEN*, BETTSÄÄCHERN** UND KÜRBIS-SUPPE

*   Bei Nonnenfürzchen handelt es sich um ein Brandteigrezept, im heißen Schmalz ausgebacken.
** Bettsäächer ist (aufgrund seiner harntreibenden Wirkung) ein landläufiger Name für Löwenzahn.

Ein Interview mit der
Rezeptsucherin Susanne Nett vom SWR.

〰〰〰〰〰〰〰〰〰〰〰〰〰〰

(?) Frau Nett, was genau suchen Sie?

Ich suche nach alten, fast vergessenen Rezepten unserer Großmütter, regionale und saisonale Spezialitäten, die mit herkömmlichen Zutaten einfach und unkompliziert zubereitet werden können.

(?) Die Gerichte haben keine gewöhnlichen Namen.
Ist es schon vorgekommen, dass Sie unverrichteter Dinge
nach Hause fahren mussten?

In Trier ist das tatsächlich passiert. Aufgrund des strömenden Regens war es unmöglich jemand auf der Straße zu motivieren mit uns zu kochen. Zu guter Letzt kamen wir in ein Restaurant, dessen Koch das Rezept kannte und es auch zubereitete. Filmen durften wir ihn dabei leider nicht.

(?) Sie reisen in einen bestimmten Ort und suchen den
einen Menschen, der das gewünschte Rezept kennt und zudem
bereit ist, dieses am gleichen Tag, in der eigenen Küche,
mit Ihrer Hilfe zuzubereiten. Wie schwierig gestaltet
sich das?

Das war während der Startphase schwierig, für mich und auch für die Menschen vor Ort. Da war teilweise die Angst der Leute vor der Kamera und: Ich habe Absagen anfangs mit meiner Person verbunden. Mittlerweile hat unsere Sendung einen hohen Bekanntheitsgrad, das soll heißen, dass die Leute auf uns zukommen. Wir sprechen miteinander und auch wenn sie selbst keine Zeit haben, helfen sie gerne weiter und rufen zum Beispiel Bekannte an um zu hören, ob diese mit uns kochen können.

? Erinnern Sie sich an eine besonders außergewöhnliche Begebenheit?

In Andernach wurde der Bienenstich erfunden! Glücklicherweise trafen wir auf einen Künstler, der mit mir den Kuchen backen wollte, aber selbst kein Rezept dafür hatte. In einem Café organisierte ich mir das Rezept und wir konnten mit dem Backen beginnen. Es war allerdings so, dass in der Junggesellenwohnung einige Backutensilien fehlten und wir mussten bei Nachbarn um Hilfe bitten. Aber was soll ich sagen: Auch wenn die Sahnecreme zerflossen ist, sollte es der feinste Bienenstich werden, den ich je gegessen habe. Danke an Herrn Elzer!

? Zur zehnjährigen Jubiläumssendung, die am 06.09.2018 ausgestrahlt wurde, flogen Sie in die USA, genauer gesagt nach New Paltz. Was haben Sie dort gesucht?

New Paltz liegt im Bundesstaat New York. Dort haben sich französische Auswanderer niedergelassen, die zuvor in Mannheim lebten. Gesucht haben wir ein Rezept für Saumagen, den sie hier Seimaachen nennen. Es sollte nicht einfach werden. Und die Zeit war äußerst knapp bemessen, da wir nochmals eine ganze Ecke weiterreisen mussten, nach Pennsylvania, wo man noch Viele mit pfälzischen Wurzeln antrifft. Mit Hilfe des Deutschlehrers Edward ist es uns gelungen, in dessen Nachbarschaft einen richtig leckeren Seimaachen zuzubereiten.

? Sie selbst sind sicher auch eine leidenschaftliche Köchin. Was essen Sie am liebsten?

Mein Lieblingsessen ist Bratwurst, Sauerkraut und Kartoffelbrei. Einmal im Jahr treffen wir uns im Freundeskreis zum Wandern, und danach kochen wir gemeinsam eine Pfälzer Spezialität, das liebe ich.

WEINGUT
TINA PFAFFMANN

AUS DEM TAGEBUCH
DER REBEN

"Und wenn es gelingt, weil man sich mit ganzer
Leidenschaft und viel Herz hereinhängt,
dann danken es einem die Weine mit einem
ganz besonderen Geschmack."

Wenn Tina Pfaffmann von ihren Weinen erzählt, bekommt man den Eindruck, die Reben würden selbst
aus ihrem Tagebuch vorlesen. Frost und Hitze, Nässe und Dürre, Hagel und Sturm hinterlassen deut-
liche Spuren im Weinberg und prägen die Jahrgänge. „Unsere Weine sind so individuell wie die Jahre,
in denen sie wachsen", erklärt sie voller Überzeugung.

Sicherlich ist der Weinbau eine Wissenschaft für sich, und eine breit gefächerte, solide Ausbildung
die Grundlage für dauerhaften Erfolg. So durchlief auch Tina Pfaffmann einige Betriebe, bevor sie
in Würzburg Weinbau studierte. In diesen Jahren hat man der jungen Winzerin sehr viel Vertrauen
entgegengebracht und sie durfte lernen, was es heißt, den Wein und die Reben wirklich zu verstehen.
Es braucht persönliche Reife, Demut vor der Schöpfung und ein Gespür für den Umgang mit der Pflanze.
„Hier habe ich mit den Jahren draußen im Weinberg das gelernt, was in keinem Lehrbuch zu finden
ist. Ein tiefes Verständnis für das, was die Pflanze wirklich braucht. Der Wein wird im Weinberg gemacht!
Nur wer die Trauben in den Händen hält, und sieht, wie sie wachsen, kann wirklich guten Wein machen."
Diese Überzeugung wächst bei der Winzerin aus Frankweiler stetig, denn jedes Jahr lehrt die Natur ein
weiteres Kapitel für das Handwerk. Auf diesen Grundlagen wuchs die ganz eigene Handschrift, die
heute deutlich ihre Weine prägt. „Deine Weine sind mit dir erwachsen geworden", sagte ein guter
Freund und Weinkenner zu ihr, und bestätigt, dass hier jemand mit Bedacht und Umsicht Reben und
Wein zu händeln weiß.

"
So wie wir uns
jedes Jahr verändern,
erzählt auch der Wein
aus seinem Tagebuch,
wie das Jahr im
Weinberg war!

"

So verwundert es nicht, dass man beim Betreten des Weinkellers den Fässern einen guten Morgen wünscht, und sich auch am Abend höflich verabschiedet. „Vor einiger Zeit habe ich damit angefangen, einige Verse und Gedanken auf meine Fässer zu schreiben." Dies eifern mittlerweile auch die Praktikanten und Mitarbeiter nach, und bauen so in sanften Schritten eine Beziehung zu ihren Produkten auf und entwickeln Spaß an ihrem Beruf.

Zum Portfolio von Tina Pfaffman, die sich selbst als Sonnenkind bezeichnet, zählen großartige Spitzenweine, die in den besten Restaurants der Welt zu Hause sind. „Natürlich freue ich mich, wenn gute Kritiken zu unseren Top-Produkten kommen. Dennoch hängt mein Herz an unseren Basisweinen. Ich möchte trinklustige Weine produzieren, die erschwinglich sind, und die zu jeder Gelegenheit passen. Und so freue ich mich besonders, wenn ich Anfragen von Privatpersonen bekomme, die meine Weine auf einem Event oder an einer Strandbar kennengelernt haben, und jetzt begeistert nach mehr fragen!"

Die Entwicklung bleibt nicht stehen. Wo sie früher viel mit Hefen gearbeitet hatte, gibt es heute immer mehr Weine, die spontan vergoren werden. „Im Vergleich zu den Anfängen sind meine heutigen Weine imposanter und haben mehr Charakter und mehr Körper.

Die Weine haben mehr Fülle, sodass das Geschmackserlebnis lange vorhält und nicht nach dem ersten Schluck wieder verfliegt. Ich trau mich heute mehr! Jedes Jahr möchte ich mich an Dinge heranwagen, wo es mir in den Fingern juckt", erklärt Tina Pfaffmann selbstbewusst. „Ich scheue keine Experimente. Und wenn es gelingt, weil man sich mit ganzer Leidenschaft und viel Herz hereinhängt, dann danken es einem die Weine mit einem ganz besonderen Geschmack."

Dass sogar der Basis-Riesling spontan vergoren wird, bewirkt oft staunende und begeisterte Kunden, die den Unterschied schmecken. Hier ist ein lang anhaltender Geschmack, der mit der Zunge ausdauernd kommuniziert. Ein Riesling aus der exklusiven Linie trägt den Namen „Schick und schön". Dieser Wein ist ein gemeinsames Einstiegsprojekt zusammen mit ihrem Mann Heiko Kaiser. „Das musste etwas Besonderes sein. Ein Top-Riesling mit besonderem Design, der aus der Masse hervorsticht." Heiko Kaiser führt die modern gestaltete Vinothek. Umgeben von Muskatellerlagen findet sich ein großzügiger Raum mit bodentiefen Fenstern und Wohnzimmercharakter. Hier kann man in farbigen Ohrensesseln zur Ruhe kommen, und sich das Tagebuch der Reben auf der Zunge zergehen lassen.

WEINGUT TINA PFAFFMANN
TINA PFAFFMANN UND HEIKO KAISER
AM STAHLBÜHL · 76833 FRANKWEILER

T 0 63 45 · 949 66 95
INFO@TINA-PFAFFMANN.DE · WWW.TINA-PFAFFMANN.DE

" Unser absolutes
Highlight sind selbst-
gemachte Maultaschen.
Die habe ich aus meiner
schwäbischen Heimat in
die Pfalz gebracht.
Sie sind gleich
eingeschlagen wie
eine Bombe.
"

WIRTSHAUS IM FRONHOF

SPEISEN WIE DIE RITTER
UNTERM TRIFELS

Wer in Annweiler im Wirtshaus zum Fronhof
zu Gast ist, wird unmittelbar von der Geschichte des
Hauses berührt, die auf das Jahr 1283 zurückgeht.
Wenn Chefkoch und Inhaber Rainer Brunner erst einmal
zu erzählen beginnt, geht sein Herz auf.

Hier kommt Kochkunst und Leidenschaft für Land, Leute und Historie zusammen. Begeistert kann er erzählen vom Dorfschultheißen und der Gerichtsbarkeit, die in seinen Räumen einst tagte. Im Queichhambacher Weistum wurde bereits 1362 von Amts wegen genau geregelt, wie die Gerichts-Schöffen zu verköstigen waren. Dort, wo jetzt die Gäste im rustikalen Gewölbekeller speisen können, wurde einst das Vieh und der Zehnte untergebracht.

Rainer Brunner ist gebürtiger Franke und kam in den achtziger Jahren in die Pfalz. „Ich habe mich dann die ganze Weinstraße hindurchgekocht", erzählt er begeistert von seiner Laufbahn, die 1984 steil bergauf ging. „Wir haben damals den Saalbau in Neustadt neu eröffnet, und mit einem großen Küchenteam neue Maßstäbe in der Gastronomie gesetzt." Hier konnte er sich bis zum Küchenchef hocharbeiten. „Schließlich entdeckten wir den historischen Fronhof in Annweiler und fingen an, mit unserer eigenen Küche die Gäste der Region zu verwöhnen." Mit Tochter Manuela als Restaurantleiterin und Peter Neumann im Service ist das Kernteam perfekt, um einen kulinarischen Glanzpunkt in Annweiler am Trifels zu setzen. Frisch, saisonal und regional soll es sein. „Wir fangen im Frühjahr mit Bärlauch an und beenden die Saison im Winter mit Kastanien und Gänsen", beschreibt Manuela Brunner den kulinarischen Kalender. „Unser absolutes Highlight sind selbstgemachte Maultaschen. Die habe ich aus meiner schwäbischen Heimat in die Pfalz gebracht. Sie sind gleich eingeschlagen wie eine Bombe. Von der normalen Variante mit Fleisch und Zwiebelschmelze servieren wir unseren Gästen zusätzlich saisonale Kreationen, z.B. mit Bärlauch, Pfifferlingen, Kastanien, Wild, Fisch oder für Vegetarier auch mit Ziegenkäse."

KESCHTEBUCKEL

4 Schweinerückensteaks
à 200 g

3 EL Zucker

200 g geschälte
und blanchierte Maronen

¼ l Weißwein
2 cl Weinbrand
4 EL Crème fraîche
⅛ l Sahne

Zucker in einem kleinem Topf schmelzen und karamelisieren. Maronen dazugeben, kurz durchschwenken, mit der Hälfte des Weißweins und etwas Wasser ablöschen und kochen lassen. Sahne schlagen, in die Sauce geben und aufkochen.

Schweinesteaks braten, dann warmstellen. Bratfond mit übrigem Weißwein und Weinbrand ablöschen, Crème fraîche dazugeben und reduzieren.

Schweinesteaks mit Sauce überziehen und mit glasierten Maronen belegen. Als Beilage passen Bratkartoffeln oder Queichhambacher Spitzbübchen.

Weinempfehlung: Scheurebe oder Morio Muskat

Inspiriert durch die Barbarossa-Nacht auf dem Trifels entstand die Idee, ein Rittermahl im eigenen Haus anzubieten. So findet von September bis April regelmäßig ein Mahl nach Art des Königs Arthur statt. Nach einer Handwaschung durch den Gastgeber schreitet man durch ein mehrgängiges Menu mit Fladenbrot und Schmalz, Maultaschen in Brühe, Suppen, Gemüsesalaten und vier verschiedenen Fleischgerichten. Getränke werden stilgerecht aus großen Krügen gereicht.

„Unsere Speisekarte ist frisch, kreativ und besonders vielfältig. Natürlich haben wir auch Pfälzer Gerichte auf unserer Karte, aber solche, die man nicht überall findet. So ist der Keschtebuckel ein urpfälzer Gericht, das kaum noch bekannt ist. Hier wird ein Schweinebraten mit glasierten Maronen und Bratkartoffeln kombiniert." Mit selbstgemachtem Eis setzt Rainer Brunner dann noch das Tüpfelchen aufs i. Auch hier kommen Sorten auf den Tisch, die sonst keiner macht. Es findet sich ein Eis mit Lavendel- oder Holunderblüten, Chili oder Orangen. Alles in allem mehr als genung Gründe für einen Besuch in Annweiler.

WIRTSHAUS IM FRONHOF
FAMILIE BRUNNER
QUEICHTALSTRAßE 40 · 76855 ANNWEILER

T 0 63 46 · 929 17 6
INFO@WIRTSHAUS-IM-FRONHOF.DE · WWW.WIRTSHAUS-IM-FRONHOF.DE

MÜLLER'S LUST

NATÜRLICHE RUHE ERLEBEN IM WILDSAUDORF!

Fast unauffällig und geräuschlos streifen zwei junge Menschen durch den weitläufigen Naturgarten rund um ein großes Anwesen mitten im Pfälzer Wald.

„Bei uns fängt der Tag mit einem Spaziergang durch unseren Garten an", erklärt Melinda Müller, die mit Jean-Marc Siegler zusammen für die Küche im Restaurant Müller's Lust verantwortlich ist. Hier und da machen sie halt, bücken sich und sehen sich verschiedenste Wildkräuter an. „Es begeistert uns, wenn wir wieder neue Dinge entdecken, die hier einfach wachsen. Mal sehen, ob wir das eine- oder andere nicht in unsere Gerichten einbauen können." So entstand auch die Idee zum Lavendel- spieß, der immer mal dekorativ die Gerichte ziert. Im ehemaligen Forsthaus von Hofstätten, das vor Zeiten noch unter königlich-bayerischer Regierung stand, hat Dieter Müller in jahrelanger Kleinarbeit einen Ruheort geschaffen, der zur Oase für viele Wanderer, Biker und Motorradfahrer geworden ist. „Wenn Du hier halt machst, hast Du sofort Erholung, von Anfang an", erklärt er begeistert, und man sieht seine Augen leuchten, wenn er von der Entwicklung seines Landgasthofes erzählt. Hier hat jedes Teil seine eigene Geschichte, denn Marion und Dieter Müller haben von ihren Reisen durch die Welt viele Andenken und Antiquitäten geschickt und dekorativ eingesetzt.

Das Herzstück des Hofes ist ein traumhafter Biergarten, der, geschützt von den historischen Gebäu- deteilen, in wild-romantischer Natur liegt. „Wir lieben die frische Küche. Fertigprodukte haben bei uns keinen Platz", davon ist Melinda Müller überzeugt. „Wir halten unsere Karte eher klein, dafür ist sie saisonal und wechselt wöchentlich. Wir machen uns sehr viele Gedanken ums Essen", berichtet sie, und man spürt, wie der Appetit aufsteigt, wenn Melinda uns ihre Kreationen vor Augen malt: Lamm mit Bulgur, verschiedene Panaden mit Erdnuss, Sesam oder Kürbis, immer passend zur Jahreszeit. „Schussfrisches" vom Wild ist hier Standard wie der Wildschinken und die Wildsaubratwürste. „Mit den Wildschweinen leben wir hier auf Augenhöhe", erzählt Dieter mit einem Lächeln. „Die Tiere kommen hier so dicht an die Grundstücke, als gehörten sie zur Familie. So sind wir auch als das Wildsaudorf bekannt, das außerdem das höchstgelegene Sackgassendorf in Rheinland-Pfalz ist."

WILDSCHWEIN-KOTELETTES MIT SALBEI-MOHN-BUTTER UND SELLERIE-BEEREN-SALAT

Zutaten für 2 Personen

4 Wildschwein-Kotelettes
Salz
gestoßener Pfeffer

150 g Butter
2 Zweige Salbei
30 g Mohn
Salz, Honig, Pfeffer

2 Stangen Staudensellerie
Saft einer halben Zitrone
Olivenöl
Zucker, Salz, Pfeffer
Beeren der Saison
1 Handvoll gemischte Wildkräuter

50 g der Butter im Topf mit dem Salbei bei ca. 50 ºC etwa 10 Minuten lang erhitzen. Salbeizweige entnehmen. Mohn und die restliche Butter mit Salz, Honig und Pfeffer einrühren. In einer Form erkalten lassen.

Sellerie hobeln und 15 Minuten mit Zitronensaft, Olivenöl und den Gewürzen durchziehen lassen. Beeren und Kräuter kurz vor dem Servieren hinzugeben.

Kotelettes von beiden Seiten würzen und in der Pfanne scharf anbraten. Bei geringer Temperatur zartrosa garen.

Servieren.

Wer die Ruhe und die Natur länger genießen will, kann bei den Müllers zwischen einem Ferienappartement und stilvoll eingerichteten Zimmern in allen Größen wählen. „Unsere Biker schätzen unsere Lodge. Hier können sie unter sich sein. Der Kühlschrank ist voll, Holz für den Ofen liegt bereit. Lasst es euch gut gehen, gerne könnt ihr auch die Feuerstelle im Garten nutzen oder sogar ein Zelt aufstellen", verkündet Dieter Müller, der selber ein begeisterter Biker ist.

Im hinteren Teil der Gebäude befindet sich eine historische Backstube mit Holzofen. Hier findet 1–2-mal im Monat ein spontanes Backevent statt. „Wir haben einen jungen Mann gefunden, der Bäcker aus Leidenschaft ist. Für uns ein wahrer Glücksgriff", berichtet Dieter begeistert. So muss man fix sein, wenn man sie kosten möchte, denn von die Brote haben in der Gegend bereits viele Fans gefunden.

MÜLLER'S LUST
ORTSSTRAßE 12
76848 HOFSTÄTTEN

T 0 63 97 · 993 18 8
INFO@MUELLERSLUST.DE
WWW.MUELLERSLUST.DE

QUERDENKER UND QUALITÄTSFANATIKER

BUSCH & NAAB

Wenn Thomas Busch und Roman Naab morgens
um zwei Uhr das Licht in ihrer Backstube anschalten,
sind ihre Kunden noch in tiefem Schlaf.
Beide sind Bäcker aus Leidenschaft und stammen
jeder aus einem Betrieb mit langer Backtradition.

2006 fassten Busch und Naab den Entschuss, ihr Fachwissen zusammen zu legen, und als vereintes Unternehmen beste Backwaren anzubieten. „Wir sind mittlerweile die dicksten Freunde", kann Thomas Busch freudig berichten. „Beide haben wir den Wunsch, durch Individualität zu glänzen, ein abwechslungsreiches Sortiment zu bieten und hochwertigste Produkte durch pures Backen ohne Zusatz von Hilfsstoffen herzustellen."

Der Blick über den Tellerrand ist für den Querdenker und Visionär Thomas Busch absolut notwendig. So verwendet er für Brioche, Baguettes und Croissants ausschließlich französische Mehle. „Das Mehl ist wesentlich geschmacksintensiver. Von den Franzosen können wir viel lernen", ist Thomas Busch überzeugt. Um optimale Backergebnisse zu erzielen, sucht man den Kontakt und die Beratung bei den Mühlen, statt sich an die industriellen Zulieferer für Backhilfsmittel zu wenden. Auch der Sahnekuchen ist komplett selbst gemacht und ohne Zusatzstoffe. Selbst die Marmalade im Berliner oder der Pudding im Teilchen ist von Busch-Naab selbst hergestellt. „Unsere Ware ist ihren Preis wert! Wer auf Qualität wert legt, kommt zu uns. Unser Kernbereich sind Brot und Brötchen. Das, was wir machen, soll richtig gut sein."

"
Unsere Stärke:
Wir sind nie mit unserer
Qualität zufrieden,
und versuchen permanent
besser zu werden!
"

Aktuell werden fünf Filialen in Bad Bergzabern, Bundenthal, Busenberg, Dahn und Hauenstein betreut. „Wir sind wie eine große Familie. Und pflegen einen engen und freundschaftlichen Kontakt zu unseren Mitarbeitern," sagt Busch, und fügt hinzu: „Dabei ist unsere Philosophie: Die besten Backwaren mit den glücklichsten und nettesten Verkäuferinnen." Besondere Renner sind das Bauernbrot und „de Lui". Das Traditionsbrot „König Ludwig" wurde ganz nach Sitte von Busch-Naab ohne industrielle Backmischung mit eigenen natürlichen Rohstoffen nachgebaut. In der ganz eigenen Komposition finden sich jetzt Sauerteig mit Malzkomponenten, Buttermilch und Honig. Und so ist „de Lui" ein „König Ludwig" mit ganz eigener Geschmacksnote, der nach und nach seine Fan-Gemeinde erweitert. Dann verrät Thomas Busch eines seiner Geheimnisse, die die Grundlage für besondere Ergebnisse liefert: „Unser Teig ist mindestens 24 Stunden in

der Kühlung. So entsteht ein ganz besondere Oberfläche und Frische. Bei uns bekommen die Produkte die Zeit, die sie brauchen, um ihren ganz eigenen Geschmack zu entwickeln und auszubilden."

Dadurch wird das Brot auch bekömmlicher. „Wenn Brote jeden Tag perfekt gleich aussehen, dann kommen sie von der Industrie. Das ist kein Handwerk, so wie wir es verstehen. Jede neue Kornernte ist für uns eine neue Herausforderung, denn die Natur liefert uns jedes Jahr unterschiedlich ausgeprägte Rohstoffe, so individuell wie das Leben selbst", weiß Thomas Busch zu sagen, der in vielen Jahren Meisterhandwerk gelernt hat, in die Tiefe zu denken.

„Wenn ein guter Bäcker den Teig in der Hand hält, weiß er sofort, ob mit dem Teig etwas nicht stimmt. Das haben wir

durch jahrelange Routine im Blut. Wir optimieren monatlich unser Sortiment. Das setzt neue Anreize für die Kunden und hilft uns, von Tag zu Tag besser zu werden. Monotonie und Langeweile ist nichts für mich. Wir zeigen unseren Kunden, dass wir stets bemüht sind, unser Bestes zu geben. Ich bin Bäcker mit Leidenschaft, ich kenne meine Kunden, dafür lebe ich. Ich bin liebend gern mit den Händen im Mehl. Da geht mir das Herz auf. Es macht mir immer noch einen Heidenspaß. Das ist meine Kernkompetzenz, und der möchte ich treu bleiben!"

Die Kunden von heute haben andere Ansprüche als früher. So müssen Bäcker auch am Nabel der Zeit sein, d.h. die besten Produkte für den heutigen Geschmack mit höchster Bäckermeister-Qualität anbieten. Dafür orientieren sich Thomas Buch und Roman Naab immer nach vorn und nach oben und setzen dann ihre eigenen Visionen gezielt um. Das garantiert ihnen auch in Zukunft begeisterte Kunden.

BÄCKEREI BUSCH & NAAB GMBH
HAUPTSTRAßE 67 · 76891 BUNDENTHAL

T 0 63 94 · 231
INFO@BUSCH-NAAB.DE · WWW.BUSCH-NAAB.DE

LANDHOTEL WEIHERMÜHLE

VON FÜRSORGE, HERZBLUT UND EIFER

„Ich lebe hier, ich arbeite hier und
das gerne. Es ist das Herzblut aller, das in
unseren familiären Betrieb einfließt,
und das macht uns so besonders."

Wenn Hotelvater Sebastian Cronauer von seiner Weihermühle erzählt, spürt man den Einklang seiner Seele mit diesem Fleckchen Erde, das er 2012 übernommen hat.

Aus einem Ausflugslokal entstand während des ersten Bauabschnitts unter Federführung seines Vaters, Architekt Manfred Cronauer, das erste Hotelgebäude. Aufgrund der Beliebtheit und des entsprechend hohen Gästezuspruchs wird nun expandiert. Der Hotelkomplex soll komplett erweitert werden. „Wir holen für unsere Gäste die prächtige Natur herein." Weitere behagliche Gästezimmer und Suiten mit raumhohen Panoramafenstern, hochwertigem Mobiliar und harmonischer Farbgebung kommen dazu. Schicke Tageslichtbäder mit großzügigen Regenduschen machen Urlaub zum erholsamen Wohnerlebnis.

„Viele Brautpaare haben sich in unser Landhotel verliebt und möchten sich am Weiher trauen lassen. Also werden für Gesellschaften neue Banketträume entstehen. Im Sommer erleben hier jede Woche glückliche Paare ihren freudigen Tag, und dann nutzen sie gleichfalls gerne unser Komplettangebot." Das junge, dynamische Team um Sebastian Cronauer ist auch auf dem kulinarischen Sektor des Hauses überaus engagiert und mehrfach ausgezeichnet. Die feine Küche mit ihren frischen, regionalen Produkten bietet verführerische Gaumenfreuden. Das aromatische Rehgeschnetzelte mit frischen Pfifferlingen mundet köstlich. Das Fleisch kommt vom Weihermühler Wald und ist von bester Qualität. Ein ganz besonderes Highlight ist die eigene Rinderherde auf der Weide vor dem Haus. „Wir verwöhnen gerne unsere Gäste mit Fleisch- und Wurstspezialitäten vom Schlachtfest, das wir einmal im

SOMMERLICHES REHGESCHNETZELTES

1 kg frische Rehkeule
1 EL Tomatenmark
200 ml Rotwein
350 ml Wildfond
3 Wacholderbeeren
1 Nelke
5 g Piment
Je 1 Zweig Rosmarin, Thymian
1 Blatt Salbei
½ EL Estragon
1 kleines Stück Ingwer
4 Lorbeerblätter
200 ml Milch
10 trockene Brötchen
1 kleiner Bund Petersilie
75 g Mehl
50 g Butter
1 Birne
100 g Zucker
200 g Preiselbeere
200 g Schmand
Salz, Pfeffer, gemahlener Paprika

Rehkeule in kleine, gleich große Stücke schneiden, mit Salz, Pfeffer sowie gemahlenem Paprika würzen und gut anbraten. Tomatenmark hinzugeben und mit Rotwein ablöschen. Fond aufgießen und mit den Gewürzen (in einem Gewürzsäckchen: Wacholderbeeren, Nelke, Piment, Rosmarin, Salbei, Thymian, Estragon, Ingwer und Lorbeerblätter) ca. 20 Minuten aufkochen. Das Gewürzsäckchen entfernen und die Rehsauce mit der Mehlschwitze aus Mehl und Butter abbinden. Nach Belieben abschmecken.

Einen Topf mit Milch, Salz und Pfeffer aufstellen. In einer Schüssel die Brötchen mit der warmen Milch einweichen. Petersilie hacken und mit der Brötchenmasse verkneten. Aus der Masse mehrere gleich große Kugeln rollen und in kochendem Wasser mit einer Prise Salz ca. 20 Minuten ziehen lassen. Zucker und ca. 600 ml Wasser in einem Topf zum Kochen bringen. Währenddessen die Birne schälen und vierteln, ins kochende Zuckerwasser geben und bissfest kochen.

Auf den Tellern Geschnetzeltes mit etwas Schmand, Knödel und einer geviertelten Birne mit Preiselbeeren anrichten. Guten Appetit!

"

Es ist das Herzblut
aller, das in unseren
familiären Betrieb
einfließt, und das
macht uns so besonders.

"

Jahr feiern. Dann gibt es Schmankerl wie Fleischwurst, Rohes-
ser, selbstgeräucherten Schinken oder Rib-Eye Steak."

Die Liebhaber der traditionellen Pfälzer Küche wählen
Saumagen, Leberknödel und Bratwürste, die der freundliche,
umsichtige Service mit Weinsauerkraut und Mühlenbrot von
der Wallhalber Mühle serviert. Vegetarische Leckereien wie
die herbstliche Wirsing-Schnecke, das pikante Cocos-Curry-
Gemüse und verlockende Dessertvariationen runden die stets
saisonal orientierte, sehr feine Speisekarte ab. Zu den
Speisen empfehlen sich freilich vorzügliche Pfälzer Weine oder
das Hausbier 1928.

Das Landhotel Weihermühle bietet für seine Gäste vielfältige
Aktionen und Arrangements. Golfer oder Radsportler finden
paradiesische Möglichkeiten. Criminal Dinner sorgen für
spannende Unterhaltung. Und Familien dürfen sich auch auf
Märchenwanderungen mit dem Waldelf oder Ponyreiten freuen.

LANDHOTEL WEIHERMÜHLE
SEBASTIAN CRONAUER
WEIHERMÜHLE 1
66919 HERSCHBERG

T 0 63 34 · 558 4
WWW.LANDHOTEL-WEIHERMÜHLE.DE
INFO@LANDHOTEL-WEIHERMUEHLE.DE

WIESBACHER HOF

WENN QUALITÄT AN ERSTER STELLE STEHT!

Wer auf dem Rheinland-Pfalz-Rundwanderweg unterwegs ist oder den „Bergmannspfad" erwandert, wird am oberen Wiesbachtal in die idyllische Waldgemeinde Wiesbach gelangen.

Der kleine Ort strahlt die gleiche Ruhe aus wie der Wald ringsum, in den die kleine Gemeinde gebettet ist. Genau hier findet sich der Wiesbacher Hof, der bei Feinschmeckern aus den Zentren Zweibrücken, Homburg und Kaiserslautern bereits zur ersten Adresse geworden ist. Udo Kiefer, der als gebürtiger Herschberger den Ort und die Gegend wie seine Westentasche kennt, führt als Chefkoch und Inhaber zusammen mit seiner Frau Claudia den Wiesbacher Hof. „Kennengelernt haben wir uns vor ca. 20 Jahren, als wir zusammen im Deidesheimer Hof beschäftigt waren", erklären die beiden Küchenprofis, die beide eine gehörige Portion Erfahrung vorweisen können. „Udo war Sous Chef und ich war die Expertin für den Fisch", berichtet Claudia Kiefer, die davor bereits bei Johann Lafer mit im Team war. Was erfahrenes Teamplay bedeutet, erfährt man schnell, als Udo Kiefer in die Küche verschwindet, um die offene Lasagne zuzubereiten, die er gerne als Rezept für unser Buchprojekt präsentieren möchte. Claudia steht zur Seite und berät bei der Auswahl des Tellers und des Arrangements der Zutaten für unser Foodfoto. Hier verlässt sich jeder auf die Kompetenzen des anderen. Und so entsteht ein perfektes Gericht, welches man sonst nirgendwo so findet.

„Qualität steht bei uns im Focus", erklärt der Chef voller Überzeugung. „Wir arbeiten überwiegend mit eigenen Fonds. Hier werden noch Knochen selber ausgekocht, um die besten Grundlagen zu erzielen." Udo Kiefer weiß, wovon er spricht, wenn er sein Konzept von frischer Küche erklärt. „Bei uns kommt nichts aus der Tüte. Unsere Saucen werden ganz nach alter Schule von Hand angesetzt. Unsere Speisekarte ist saisonal mit italienischem und französischem Einschlag. Trotzdem gibt es bei uns auch Schnitzel", fügt er begeistert hinzu. Sehr wohl beobachten die Kiefers schon lange, dass sich die Gewohnheiten der Restaurantbesucher mit der Zeit ändern. So haben sie für sich einen eigenen Weg gefunden, Menschen über die Region hinaus für ihr Angebot neu zu begeistern.

OFFENE LACHS-LASAGNE MIT RIESENGARNELEN UND BLATTSPINAT

4 Lachsfilettranchen à ca. 100 g
12 Riesengarnelen
1 Schalotte
400 g Blattspinat
(von Stielen befreit und gewaschen)
3 EL Butter
100 ml Weißwein
50 ml Noilly Prat
250 ml Fischfond
200 ml Sahne
einige Fäden Safran
etwas Speisestärke
Saft 1 Zitrone
Butterschmalz
1 Tomate
Salz, Pfeffer und Muskat
8-10 Nudelblätter (am besten
selbst gemacht aus mit Sepia und
Safran unterschiedlich gefärbten
Nudelstreifen)

Eine Schalotte in feine Würfel schneiden und in 2 EL Butter glasig anschwitzen. Den Blattspinat zugeben, zusammenfallen lassen und mit Salz und Pfeffer würzen. Tomate häuten, von Kernen befreien und in kleine Würfel schneiden.

Die zweite Schalotte würfeln und in 1 EL Butter glasig anschwitzen. Mit Weißwein und Noilly Prat ablöschen und um die Hälfte einkochen. Mit Fischfond auffüllen und wieder um die Hälfte einreduzieren. Die Sahne zugeben und durch ein Sieb passieren. Würzen und Safran zugeben. Etwas einköcheln lassen, abschmecken und mit Speisestärke binden.

Lachsfilet mit Salz, Pfeffer und Zitronensaft würzen, in Mehl wenden und in Butterschmalz glasig anbraten. Die Garnelen würzen und glasig anbraten. Die Nudelblätter erwärmen, mit Spinat und Fisch zu einer Lasagne zusammensetzen. Die Safransauce mit etwas kalter Butter und Schlagsahne aufschäumen, dann zwischen und über die Nudelplatten geben. Nach Belieben mit frisch geriebenem Parmesan bestreuen.

"
Mit unseren Küchen-
Partys haben wir einen
Trend gesetzt, der
absolut den Nerv der
Zeit trifft.
"

„Mit unseren Küchen-Partys haben wir einen Trend gesetzt, der absolut den Nerv der Zeit trifft," sind die beiden Routiniers überzeugt. Hier wird die Küche, die durch modern gestaltete Fenster vom Speiseraum aus sichtbar ist, mit in das Genusserlebnis eingebunden. „Wir bereiten alle Gänge nacheinander zu und stellen sie im Küchenbereich für den Gast bereit", erklärt Udo Kiefer den Ablauf des Events. Vielfalt steht hier im Vordergrund. Kiefer verwöhnt seine Gäste mit vielen kleinen Leckereien, die als Amuse bouche gereicht werden. So stehen zu jedem Gang drei unterschiedliche Produkte zur Auswahl. Neben dem Hauptgang gibt es in der Regel auch einen Fischgang. Für Gäste haben die Kiefers genügend Platz. Die einzelnen Gasträume haben jeweils ihren eigenen Stil und sind modern eingerichtet. Ein Bereich liegt den beiden besonders am Herzen: Hinter dem Haus liegt etwas versteckt eine wunderschön bewachsene Blumenterrasse, die für die Gäste als Biergarten eingerichtet ist.

RESTAURANT WIESBACHER HOF
UDO UND CLAUDIA KIEFER
LAMACHSTRAßE 5
66894 WIESBACH

T 0 63 37 · 161 6
INFO@WIESBACHER-HOF.DE
WWW.WIESBACHER-HOF.DE

Wir lieben unseren
Beruf und stehen mit
„Laib" und Seele zu
unserem Handwerk.
"

KISSEL, BROT UND MEHR ...

BÄCKER MIT „LAIB" UND SEELE

Bereits 1949 begannen Julius und Ellen Kissel
mit einer kleinen Backstube in Reichenbach-Steegen.
Tochter Ursula Kissel und ihr Ehemann
Karl-Heinz Carra stiegen in die Nachfolge ein
und entwickelten aus dem ehemals kleinen Betrieb
mit viel Fleiß und Geschick eine Bäckerei, die
weit über die Region geschätzt wird.

„Wir lieben unseren Beruf und stehen mit „Laib" und Seele zu unserem Handwerk", davon ist Petra Kunz überzeugt. Sie und ihr Bruder Paul Carra leiten nun das Familienunternehmen Kissel bereits in der dritten Generation. Paul ist Chef der Backstube und Petra leitet den Verkauf, den Brotversand und das Marketing.

Sie vermarktet beispielsweise das Musikantenbrot, eine Kreation von Vater Karl-Heinz Carra, der bereits vor vielen Jahren anlässlich eines regionalen Musikfestes diese zündende Idee hatte. Da in frühen Zeiten oftmals die Männer der Region in ferne Länder auszogen, um mit Musik ihr Geld zu verdienen, lag es nah, mit dem neuen Brot eine Verbindung zu schaffen. Der vierpfünder Laib bietet die ideale und langanhaltende Wegzehrung für wandernde Musikanten, und gab ihnen auch ein Stück Heimat mit auf den langen Weg. Nach ihrer Rückkehr brachten sie oft Gewürze mit, die mit Koriander, Fenchel und Anis jetzt stellvertretend den Geschmack des original Musikantenbrotes abrunden. Auch nach einer Woche ist Scheibe für Scheibe noch saftig und voller Aroma. „Es ist sogar von Vorteil, wenn wir unser Brot über den Versand zu unseren Kunden versenden. Nach einem Tag entfaltet sich erst die ganze Geschmacksvielfalt, ein deutliches Kennzeichen für beste Qualität", erklärt Petra Kunz glaubhaft.

BAUERNBROT

Für 1 Brot

400 g Roggenmehl
für den Sauerteig
360 g Roggenmehl (Type 1370),
300 g Weizenmehl (Type 812),
20 g Hefe
20 g Salz

Zubereitungszeit:
circa 20 Minuten

Ruhezeit: 4 Tage (Sauerteig)
circa 40 Minuten (Brotteig)

Backzeit: circa 60 Minuten

Für den Sauerteig 100 g Roggenmehl mit 100 ml Wasser vermischen und an einem warmen Ort 48 Stunden stehen lassen. Gut abdecken, aber nicht luftdicht verschließen. Nach den zwei Tagen weitere 100 g Roggenmehl und 100 ml Wasser zugeben. Gut vermischen und wieder 24 Stunden stehen lassen. Danach 200 g Roggenmehl und 200 ml Wasser zugeben und weitere 24 Stunden ruhen lassen.

Die Zutaten für das Bauernbrot mit 370 ml Wasser und 700 g des fertigen Sauerteigs vermischen. 4 Minuten langsam und 3 Minuten zügig durchkneten und dann 20 Minuten gehen lassen. Anschließend nochmals durchkneten, einen Brotlaib formen („rund wirken") und in einen bemehlten Gärkorb (oder Schüssel) setzen.

Wenn der Laib deutlich erkennbar aufgegangen ist (nach ca. 20 Minuten), auf ein Backblech legen und mit Wasser bestreichen, damit die Kruste knusprig wird. Im vorgeheizten Backofen bei 260° C ca. 60 Minuten backen

Das überzeugte auch die Tester vom Gourmet-Magazin „Der Feinschmecker", die Kissel bereits zum vierten Mal in Folge zu den besten Bäckern Deutschlands zählen. „Es ist wie mit einer guten Suppe, die in einem großen Topf gekocht wird. Dadurch entfaltet sich auch ein Vielfaches mehr an Aromen, als wenn ich mir nur einen kleinen Teller koche." Damit überzeugt Petra Kunz alle Skeptiker und belegt, dass ein großer Laib Brot kein Werbegag ist, sondern für lang anhaltende Frische und besten Genuss steht. „Das beste Marketing ist die Empfehlung unserer Kunden", berichtet Petra Kunz, die mit ihrem Top-Produkt dem Musikantenbrot, regelmäßig die umliegenden Wochenmärkte besucht. „Ein Gewicht, ein Preis und ein Geschmack", lautet das Motto. „Wer auf dem Markt unser Brot kennenlernt, wird schnell zum Dauerkunden, der unser Brot bequem über unseren Webshop zu sich nach Hause bestellen kann."

„Die Hauptzutat, die unsere Produkte bekommen, ist Zeit. Wir geben Teig und Brot die Ruhe, die nötig ist. Dafür haben wir die entsprechende Geduld." Und so erklärt es sich auch, dass die Bäcker bei Kissel noch wie eh und je in einer kleinen Backstube ihre Werke zaubern. „Wir fühlen uns sehr verbunden mit der Region und sehen uns in der Verantwortung, dazu beizutragen, dass auch in Zukunft eine handwerklich hochwertige Bäckerskunst den Menschen vor Ort gutes Brot bieten kann."

„Jetzt braucht es nur noch Ei, Schinken oder eine gute Leberwurst und ein ordentliches Brotmesser, und das Abendbrot ist perfekt", findet Petra Kunz. „Es geht auch einfach und gut. Und wenn wir dazu das perfekte Brot beisteuern können, ist es für uns als leidenschaftliche Bäcker eine Ehre."

KISSEL, BROT UND MEHR ...
HERRENBERGSTRASSE 3 · 66879 REICHENBACH-STEEGEN

T 0 63 85 - 321
INFO@KISSELBROT.DE · WWW.KISSELBROT.DE

REISMÜHLE KAFFEE-MANUFAKTUR

ENTSCHLEUNIGUNG MIT TOSCANA FEELING

„Ein Nachmittag bei Euch ist wie ein Tag Urlaub in der Toscana", lautet das Feedback einer Kundin nach dem Besuch in der Reismühle bei Krottelbach.

„Hier hat es eine Kundin auf den Punkt gebracht", erklärt Wolfgang Lutz, der zusammen mit seiner Frau Nadine die historische Mühle in eine Kaffee-Manufaktur verwandelt hat, die ihresgleichen sucht. „Genau das ist unser Konzept: An erster Stelle steht Freundlichkeit, ein gemütliches, ansprechendes und naturnahes Ambiente mit dem Schwerpunkt Genuss", fügt Wolfgang Lutz hinzu, der als Kaffee-Röstmeister und Kaffee-Sommelier beweist, wie man mit Begeisterung, Ehrgeiz und Ausdauer eine eigene Kaffee-Marke im Markt platzieren kann, die nicht nur bei Gourmets höchste Wertschätzung genießt. „Mittlerweile produzieren wir jährlich über 30 Tonnen Kaffee", erklärt er stolz. So verwundert es nicht, dass wieder Erweiterungen in der Reismühle anstehen, um der wachsenden Nachfrage gerecht zu werden. „Wir schätzen Ehrlichkeit und Transparenz und möchten, dass unsere Kunden die Entstehung und Herkunft unserer Produkte nachvollziehen können", beschreibt Nadine Lutz die Philosophie des Familienbetriebes. Sie ist verantwortlich für das angrenzende Landkaffee und den Hofladen, in dem man neben fein ausgerösteten Kaffee-Spezialitäten auch eine kleine exklusive Auswahl Schokoladen und Teesorten findet. „Angefangen hat alles mit unserem Sonntags-Frühstücksbuffet. Hier haben wir unseren Gästen aufgedeckt, was uns selber begeistert. Leichte und vielfältige Kost in kleinen Häppchen. Der Zuspruch war so groß, dass wir nach und nach unser Angebot mit gleichem Konzept erweitert haben."

Ganz neu ist der aufwendige Umbau der ehemaligen Tenne. „Hier war alles zerfallen und eigentlich abbruchreif", berichtet Wolfgang Lutz und zeigt einige Bilder, die den Zustand der ehemaligen Stallungen und der Scheune belegen. So überraschen jetzt die neu entstandenen Räume, die im Dach der Tenne gestaltet wurden. In zwei transparenten Ebenen bietet sich Platz für 50 Gäste. Große rustikale Holzplatten liegen als Tische auf altem Bauerngerät. Die Haube eines Traktors bietet die Grundlage für einen Stehtisch. Großflächige Innenfenster und stilvolle Lampen erzeugen einen

JOHANNISBEER-CREME-KUCHEN

1 TL Arabischer Zucker
(mit Kardamom, Zimt, Nelken & Muskat)
225 g Zucker
1 Pk. Vanillezucker
1 TL abgeriebene Schale einer
BIO-Zitrone
140 g Butter
4 Eier
200 g Mehl
2 TL Backpulver
400 g Rote Johannisbeeren
4 EL Speisestärke
100 g Mandelblättchen
500 g Mascarpone

100 g Zucker, Arabischen Zucker, Vanillezucker, Zitronen-
schale und 100 g weiche Butter cremig rühren. 2 Eier nacheinander unterrühren. Mehl mit Backpulver mischen, darüber sieben und unterrühren. Der Teig soll schwer reißend
von dem Schneebesen fallen. Eventuell noch etwas Milch
oder Mehl zufügen.

Ofen auf 200 ° C (Umluft 180 ° C) vorheizen. Johannisbeeren waschen, abtropfen lassen und von den Rispen streifen.
Eine Käsekuchenspringform (ca. 32 cm) fetten und mit Mehl
ausstäuben. Teig in die Form streichen. 320 g der Beeren in
2 EL Speisestärke wenden und auf dem Teig verteilen. Im
Ofen ca. 35 Minuten vorbacken.

In einem Topf 40 g Butter zerlassen. Mandeln und 25 g Zucker untermengen. 2 Eier trennen. Eigelbe mit 100 g Zucker,
2 EL Stärke und Mascarpone zu einer glatten Creme verrühren. Eiweiß steif schlagen und unterheben. Creme auf dem
Kuchen verteilen. Mandelmasse, übrige Beeren darauf verteilen und Kuchen im Ofen weitere 20–25 Minuten backen,
eventuell nach 15 Minuten abdecken. Herausnehmen und
auf einem Kuchengitter abkühlen lassen. Nach Wunsch mit
Puderzucker bestäubt servieren.

"
An erster Stelle
steht Freundlichkeit,
ein gemütliches
ansprechendes und
naturnahes Ambiente mit
dem Schwerpunkt Genuss.
"

industriellen Look. Ein Baugerüst mit Eichenbohlen dient als Bücherregal und gibt zusammen mit dem zentralen Kamin dem Raum eine besondere Wohlfühl-Atmosphäre.

„Wir haben den Nerv der Zeit getroffen", beschreibt Wolfgang Lutz die Idee hinter den neuen Räumen. „Die Menschen suchen nach einem Ambiente, das ansprechend, modern und hochwertig ist, wie die Events von heute." So hat Familie Lutz bereits jede Menge Anfragen von Hochzeitsgesellschaften, die die Möglichkeiten der Reismühle schätzen, und hier auch ihre Trauzeremonie zelebrieren. Dazu bietet der wunderschön gestaltete Innenhof die beste Location.

„Unsere Kunden schätzen nicht nur die angenehme Art des Umgangs, die Qualität unserer Speisen und des sortenreinen, besonders milden Kaffees, sie genießen auch die Freiheit, die wir ihnen gerne bieten möchten."

REISMÜHLE KAFFEEMANUFAKTUR GMBH & CO.KG
WOLFGANG + NADINE LUTZ
REISMÜHLE 1
66909 KROTTELBACH

T 0 63 84 · 925 77 1
INFO@REISMUEHLE.INFO
WWW.REISMUEHLE.INFO

"

Die Welt lebt
von Menschen,
die mehr tun als
ihre Pflicht.

Annette Bensel
von Ewald Balser 1898-1978

"

HOF AM WEIHER

DIE ÖKOBOX, DIE DER BAUER ZU MIR
NACH HAUSE BRINGT.

Wenn Annette Bensel mittags den Tisch deckt,
dann muss es für viele reichen. Wie fast jeden Tag
kommen hier alle zusammen. In großer Runde isst man
und bespricht mit Familie und Angestellten den
Tag und die nächsten Projekte.

„Wir wollen gemeinsam etwas unternehmen, um die Welt zu verändern." Das ist Vision und Lebenskonzept von Kornelius Burgdörfer-Bensel, der vor 30 Jahren diesen Betrieb gründete, der auf regionalen, konsequenten Ökolandbau und vielseitige Tierhaltung setzt. „Wir hatten immer das große Ziel vor Augen", erklärt Eva Bensel, die in zweiter Generation, mit Bruder Lukas, den Hof führt.

Lukas Bensel lebt für den Ackerbau, während seine Frau Katja eine gute Hand für die Tiere hat. „Durch den Umstieg in eine AG sind sehr viele Menschen am Betrieb beteiligt. Das ist ein Hof, der seinen Kunden gehört", beschreibt Eva Bensel das Konzept, das bei vielen ökologisch denkenden Menschen auf offene Ohren stößt. Die Direktvermarktung mit einem Hauslieferservice gehört seit Gründung des Hofes mit dazu. „Das ist ökologisch sinnvoll, ökonomisch-sozial und kommt unserer ländlichen Region sehr entgegen", überzeugt Eva Bensel, die sich um das Management der vielschichtigen Aufgabenfelder kümmert. Mittlerweile ist der Service optimiert und ersetzt vielen Kunden bereits einige Fahrten für den Einkauf. Vieles wird auf dem Hof produziert: Eier, Rind- und Schweinefleisch, Getreide und Gemüse. Außerdem kauft man weitere Produkte von Erzeugern aus der Region Saar-Pfalz-Hunsrück dazu. „Um das Vollsortiment in Bio-Qualität anzubieten, beliefert uns ein Naturkost-Großhändler. Damit können wir die Grundversorgung eines Haushaltes sicherstellen."

> **"**
> Es lohnt sich,
> dafür zu kämpfen,
> dass eine Gesellschaft
> auf solide Fundamente
> baut und gemeinsam
> in Frieden
> leben kann.
>
> Kornelius Burgdörfer-Bensel
>
> **"**

Angefangen bei einem einfachen Abo, bis hin zu einer komplett individuellen Bestellung ist das Spektrum für den Kunden sehr groß und bietet für jeden Bedarf die maßgeschneiderte Lösung. Bis zu einem Umkreis von 100 Kilometern können die Fahrer die Ware ausliefern. Standardmäßig werden die Kunden wöchentlich mit frischer Ware beliefert.

Die „Ökobox", wie Bensels ihren Warenkorb bezeichnen, wird in Holzkisten zum Kunden gebracht. In der Abo-Variante ist die Versorgung mit den wichtigsten Grundlebensmitteln möglich. Jede Einheit lässt sich bis kurz vor der Auslieferung im Detail verändern und ergänzen. Um ihre individuelle Bestellung zusammenzustellen, bzw. ihr Abo zu ändern, nutzen viele Kunden den Online-Shop. Gleichzeitig sind auch Bestellungen per Mail, Fax oder Telefon möglich. „Dazu bieten wir gedruckte Angebotslisten an. Damit erreichen wir fast alle Menschen, auch die, die nicht mit dem Internet aufgewachsen sind", zeigt Eva Bensel die Individualität des Liefersystems auf.

Ganz bewusst verzichtet man darauf, den Kunden durch Lieferverträge zu binden. Auch ein Abo ist jederzeit kündbar. „Wir möchten den Kunden durch Qualität und Service dauerhaft überzeugen und für ein ökologisches Denken gewinnen. Das hilft, unsere Ressourcen wirtschaftlich und sinnvoll zu nutzen, sodass Mensch, Tier und Natur gemeinsam davon profitieren."

HOF AM WEIHER HAUSLIEFERSERVICE
FAMILIE BENSEL
BURGWEG 1 · 66871 ALBESSEN

T 0 63 84 - 785 9
INFO@HOF-AM-WEIHER.DE · WWW.HOF-AM-WEIHER.DE

BASTENHAUS

GENUSS UNTERM DONNERSBERG

Der Premium-Wanderweg „Pfälzer Höhenweg" steht bei vielen Wanderfreunden bereits als Muss auf der Agenda. Auf einer Länge von ca. 112 km startet er in Winnweiler, führt über den Gipfel des 687 m hohen Donnersbergs, über Rockenhausen nach Wolfstein.

Die Tour führt unmittelbar am Bastenhaus vorbei, das als Hotel und Restaurant mitten in malerischer Landschaft direkt am Fuße des Donnersbergs liegt. „Wir bringen die Wanderer direkt zu den Startpunkten und holen sie am Ende einer Tagesetappe wieder ab", erfährt man von Daniela Stollhof, die sich zusammen mit ihrem Mann Patrik nun in der dritten Generation für das Wohlbefinden aller Gäste verantwortlich weiß. „Am Abend gibt es innerhalb unserer Verwöhn-Pension ein 4-Gänge-Menue als perfekten Ausglang für alle müden Wanderer." Hier zaubert die Küche an jedem Abend ein neues kulinarisches Programm, welches von vielen Gästen bereits mit viel Lob honoriert wird. „Wir zeigen, was wir können, und es gelingt uns, selbst nach zwei Wochen keine Wiederholung auf den Tisch zu bringen", erklärt Patrik Stollhof stolz, der als Juniorchef in der dritten Generation auch die Leitung der Küche unter sich hat.

Außerdem profitieren die Gäste des Bastenhauses von den Vorteilen der Pfalzcard. Diese ist mit der Buchung im Bastenhaus bereits inklusive und bietet viele Vergünstigungen und freie Eintritte für die Urlauber in der Region, z.B. Schwimmbader, Golfplätze, Museen, kostenfreie Weinproben und vieles mehr. „Unsere Küche ist gesund in der Pfalz verwurzelt und bietet einen gehobenen Stil, sodass sich Gäste aus der Region, ebenso wie Geschäftsleute aus der ganzen Welt angesprochen und verwöhnt fühlen." Die Region um den Donnersberg ist bekannt für das alljährliche Lammfest. So steht auch bei Familie Stollhof Lamm als Spezialität auf der Karte. „Außerdem legen wir sehr großen Wert auf unsere Steaks. Mit Black Angus in Blockhouse bieten wir absolute Spitzenklasse. Als besonderes Highligt präsentiert die Küche ein 800-Gramm-Tomahawk-Steak. Bei der Zubereitung kommt ein Beefer zum Einsatz, der mit sehr großer Hitze an der Oberfläche des Fleisches zur Karamelisierung führt, sodass das Fleisch feine süßliche Röstaromen entwickelt. Auf diese Weise enfalten sich mehrere Geschmacks-Dimensionen.

GNOGGI

1 kg mehlig festkochende
Kartoffeln
220g Mehl
3 Eigelb
Salz
Pfeffer
Muskat

Für die Gnoggi alle Zutaten gut durchmengen und zu einem glatten Teig verarbeiten.

Den Teig in mehrere daumendicke Rollen formen und mit einem Messer 2–3 cm lange Stücke abteilen. Mit einer Gabel leicht auf die Kante drücken, um die typische Gnoggi-Form zu erhalten.

In kochenendes Wasser geben und sofort die Flamme abdrehen. Ziehen lassen, bis die Gnoggi nach oben steigen.

Abtropfen lassen und in schaumiger Butter anschwitzen, würzen und servieren.

"

Unser Team ist wie
eine kleine Familie,
diese Herzlichkeit
spürt der Gast.

"

Wenn dann das Fleisch direkt am Tisch fachgerecht aufge-
schnitten wird, bekommen Steakfreunde leuchtende Augen.

Wie gelebter Familienbetrieb aussieht, kann man im Bastenhaus genießen. „Unsere Kuchen werden alle noch von Sebas-
tians Oma selbst gebacken", kann Daniela Stollhof erzählen.
Und so stehen beide Großeltern an den Wochenenden in der
Küche der Keltenhütte und verpflegen dort die Wanderer mit
deftiger Pfälzer Küche. „Auch unser Team ist wie eine kleine
Familie, und diese Herzlichkeit spürt jeder Gast."

Zweimal im Jahr bietet das Bastenhaus ein Candle-Light-
Dinner. „Nach Sonnenuntergang hüllt sich das gesamte
Restaurant ausschließlich in reinen Kerzenschein. Alles ist
mit Rosen dekoriert und bei einem 6-Gänge-Menü schmilzt
auch das Herz des letzten Romantikers."

BASTENHAUS
STOLLHOF HOTEL · RESTAURANT GMBH
BERTHOLD UND PATRIK STOLLHOF
BASTENHAUS 1
67814 DANNENFELS

T 0 63 57 · 975 90 0
INFO@BASTENHAUS.DE
WWW.BASTENHAUS.DE

WEINGUT AM NIL

Wenn man das Weingut am Nil in kurzer Form
beschreiben wollte, gibt es drei Merkmale, die
vorrangig ins Auge fallen:
Der Löwe, die Farbe Lila und ein durchgestaltetes,
hochwertiges Gesamterscheinungsbild, das in
der Region einzigartig ist.

Das Bild des Löwen ist allgegenwärtig. Auf der Außenterrasse thront er als mächtige Bronze, im Restaurantbereich an Stirn- und Seitenwand und an den Rücklehnen der aufwendig gepolsterten Sessel, auf der Ausstattung der Wein-Etiketten, bis hin zu dem Brandsiegel auf den Barrique-Fässern im Weinkeller. Der Löwe steht bereits seit dem 15. Jahrhundert als Wahrzeichen für den Ort Kallstadt. Majestätisch und erhaben wacht er über die Top-Weinlagen, auf die die Region stolz ist. Auch das Weingut am Nil ist mit 26 Hektar und den großen Lagen, wie „Kallstadter Saumagen" und „Ungsteiner Herrenberg", bestens ausgestattet.

Der Löwe steht für Tradition und hohe Weinkunst, die bis auf das Jahr 1840 zurückgeht, als Eduard Schuster das Weingut gründete. „Wir haben hier beste Voraussetzungen, um Weine in top Qualitäten zu erzeugen", erklärt Vertriebsleiter Jan-Patrick Reiß. Einige Böden haben einen großen Anteil von Terra Rossa Gestein, so wie man es in der Toskana findet. Das bringt eine besondere, einzigartige Geschmacksnote in den Wein. Unsere Rieslinge erhalten einen kräutrigen, frischen und geradlinigen Touch. Die Spannung zwischen Säure, Frucht und Kräuterwürzigkeit zeichnet einen wunderbaren Bogen, der nicht nur Weinexperten begeistert." Das stetige Streben nach hohem Qualitätsniveau trägt Früchte.

GEBRATENER PULPO MIT LIMONEN-AIOLI

1 ganzer Pulpo (ca. 1–1,5 kg)
1 rote Paprika
1 Zwiebel
1 Stange Lauch
1 Fenchel
50 ml Essig
2–3 Stück Zitronengras
500 ml Weißwein
3 Wacholderbeeren
3 Nelken
10 Fenchelsamen
4 Eigelbe
2 TL Senf
Abrieb und Saft von 1 Limette
2 große getrocknete Chilischoten
500 ml Rapsöl
3 Knoblauchzehen
Salz und Pfeffer
½ TL Paprikapulver
3 EL Olivenöl zum Braten
einige Ecken Limette zum Garnieren

Für den Fond Zwiebel schälen, Gemüse putzen, in grobe Würfel schneiden und zusammen mit Wein, Essig, Zitronengras, den Gewürzen und 3 Litern gesalzenem Wasser zum Kochen bringen. Den ganzen Pulpo in den Fond geben und leicht auf Stufe 1-2 köcheln lassen. Nach einer Stunde testen, ob er schon weich ist.

Für die Aioli Eigelb, Senf, klein geschnittene Chili, Salz, Pfeffer und Abrieb von der Limette in ein hohes Gefäß geben. Knoblauch hineinpressen und Rapsöl aufgießen. Einen Stabmixer vom Boden aus während des Mixens langsam nach oben ziehen. Vorgang wiederholen, bis eine cremige, homogene Aioli entsteht. Zum Schluss Limettensaft unterheben. Paprika entkernen und in 4 cm lange Streifen schneiden. Pulpo aus dem Topf nehmen, kurz abkühlen lassen. Dann direkt unterhalb des Kopfes die Beine anschneiden und die überschüssige Haut abziehen (der Kopf wird nicht verwendet). Die Beine in mundgerechte Stücke schneiden. Die Pulpostücke in etwas Olivenöl scharf anbraten. Paprikastreifen ebenfalls braten. Zum Abschluss mit Salz, Pfeffer und Paprikapulver abschmecken.

Den Pulpo mit den Limettenecken – nach Geschmack – auf einem Salatbett anrichten. Die Limonen-Aioli separat reichen.

So gewann man mit dem 2016er Ungsteiner Herrenberg das „Große Gold" bei Mundus Vini. Diese Auszeichnung erhielten nur drei Weine in Deutschland von ingesamt 6.000 Bewerbern aus der ganzen Welt. Im Jahr 2010 übernahm Familie Dr. Ana und Reinfried Pohl jr. das Weingut. Hier entstand der neue Name und zwei Jahre später auch ein Restaurant mit besonderem „lila" Charakter. Das ehemalige Flaschenlager des alten Weinguts wurde in einen Festsaal verwandelt. Hier zeigt sich, wie geschickt sich modernes, zeitloses Design mit Tradition verbinden lässt.

Jedes Detail ist mit Liebe ausgesucht und dekoriert, hochwertig, klassisch und modern zugleich. Zu einer internationalen, mediterranen Küche lassen sich fast alle Weine des Guts offen verkosten. Vom einfachen Flammkuchen oder einem gebratenen Pulpo mit Limonen-Aioli bis hin zum US Prime Striploin kann allen Ansprüche der Gäste entsprochen werden. „Das schönste Erlebnis hat man, wenn man als Gruppe verschiedenste kleine Gerichte bestellt. Aus diesem Grund findet man im Restaurant nur große Tische, die die Gemeinschaft und die Kommunikation unter den Gästen fördern sollen. Gerade in der Pfalz schätzt man Kulinarik und Geselligkeit. Hier kann man getrost die Menschen zusammensetzen. Und man findet sich schnell im Gespräch", berichtet Jan-Patrick Reiß, der sehr viele Anfragen von Hochzeitsgesellschaften bekommt.

Regelmäßig im Mai setzt das Weingut mit dem Löwen-Festival Maßstäbe in der Region. Auf dem gesamten Gelände rund um das Weingut dreht sich dann alles um das Thema Kulinarik. Viele prominente Gastköche wie z.B. Alfons Schuhbeck, Kolja Kleeberg, Frank Oehler, Nelson Müller haben bereits am Festival teilgenommen. Zusätzlich werden ausgewählte internationale Weingüter eingeladen. „Im Jahr 2018 hatten wir 1200 Gäste. Es war ein riesiger Erfolg!"

„Auch die Veranstaltung ‚Freunde zu Besuch' in jedem Herbst hat bereits Tradition. In der Regel ist auch hier ein Gastkoch zu Besuch. Christian Rach und Frank Rosin waren beispielsweise schon da. In diesem Rahmen präsentieren wir unsere Weine. Ein gemütlicher Abend mit Live-Musik."

"

Wir haben hier beste
Voraussetzungen, um
Weine in top Qualitäten
zu erzeugen.

"

Wer als Gast länger bleiben möchte, hat die Wahl, in einem der sieben Gästezimmer zu übernachten. Besonders stilvoll findet sich auch hier das ganzheitliche Erscheinungsbild wieder. So wie der Wein: Hochwertig, zeitlos traditionell, modern und geschmackvoll.

„Die Edelbrennerei
ist mein Lebenswerk!"

WEINGUT & DESTILLERIE SIPPELS

BEKÖMMLICHE WEINE UND EDLE BRÄNDE

Modern, dynamisch und der Tradition verbunden präsentiert sich der Betrieb in einem der ältesten Anwesen von Weisenheim am Berg. „Wir blicken auf eine mehr als 350 Jahre alte Weinbaugeneration zurück", erzählt Thomas Sippel, "Großvater und Vater stiegen Mitte der sechziger Jahre von einem Mischbetrieb auf Obst- und Weinbau um."

Wie damals üblich verkaufte die Familie den erzeugten Wein als Fasswein. Ab Mitte der achtziger Jahre wurden die Weine aus klassischen Pfälzer Rebsorten, später auch aus Sorten wie Chardonnay oder Merlot, als Flaschenweine angeboten. Winzermeister Thomas Sippel legt großen Wert auf den schonenden Ausbau der bekömmlichen Weine.

Die Spezialität des Hauses ist der Merlot Blanc de Noir, ein Weißwein aus der roten Traube, der, gut gekühlt getrunken, sehr beliebt bei Gästen und Kunden ist. Er passt sowohl hervorragend zu feinen Speisen, als auch zu deftigen Gerichten. Bei den Hoffesten im Weingut oder an den Wochenenden im September und Oktober in der Straußwirtschaft können Gäste neben den Weinen auch die Destillate und Liköre aus der Brennerei genießen. „Mit 17 Jahren", berichtet Thomas Sippel, „war ich schon fasziniert davon, dass man aus Trester, den andere auf den Acker fahren, ein tolles Destillat herstellen kann." Beim Brennen des Tresters aus dem elterlichen Weingut war er immer dabei und träumte schon damals davon, irgendwann selbst so eine Anlage zu besitzen. Ein Traum, den er sich mit 20 Jahren erfüllte. Zuerst war es nur ein Hobby, das mit der Zeit immer mehr auch seine Leidenschaft eroberte und zur Berufung wurde. „Mit viel Liebe zum Detail habe ich mir Fachwissen angelesen und angeeignet."

GIN TONIC
MIT GURKE
MARACUJA

Rezept für 4 Personen

2 cl Gin
2 cl Gurke Maracujalikör
200 ml Tonic

Miteinander mischen, in Longdrinkgläser
füllen und mit Gurkenrispen, Minzblättern
und Eis auffüllen.

Mit der neuen Brennerei im Jahre 2003 stellten sich die ersten Erfolge ein. „Ich habe damals in kleinen Mengen ausschließlich beste Rohstoffe destilliert. Daraus sind vollkommene Edelbrände mit geschmacksintensiven Aromen entstanden." Im Jahre 2007 wurde die Destillerie Thomas Sippel zum ersten Mal mit dem Staatsehrenpreis ausgezeichnet.

Mit der Anschaffung einer modernen Verschlussbrennerei im Jahre 2011 hat Thomas Sippel sich einen weiteren Traum erfüllt, und er konnte im gleichen Jahr den ersten Whisky der Linie Palatinatus in Fässer legen. Als Ausgangsprodukt für seinen Whisky, der im Hause Sippel als Generationenprojekt angesehen wird, verwendet er unter anderem schottisches Torfmalz. Der Whisky ‚American Oak peated 6 Jahre' wurde 2018 zu Deutschlands bestem Whisky gewählt. Um für seine Kunden originelle Gin Tonics anbieten zu können, stellt Sippel neben dem Gin sehr ausgefallene Liköre zum Mischen her, zum Beispiel Gurke-Maracuja und Brombeer-Pfefferminz-Likör. „Genuss ist die Quelle des Glücks", das erlebt man bei verschiedenen Tastings und Events. Oder man besucht Sippels einmal in Weisenheim am Berg zur genussreichen Verkostung.

WEINGUT & DESTILLERIE SIPPELS
THOMAS UND SANDRA SIPPEL
BOBENHEIMER WEG 2 · 67273 WEISENHEIM AM BERG

T 0 63 53 · 930 46
MAIL@SIPPELS.DE · WWW.SIPPELS.DE

BEI KAFFEE UND FEINEN PLÄTZCHEN

Ein Besuch bei der Bestsellerautorin Gina Greifenstein

(?) Aus Ihrer Feder stammen zahlreiche Koch- und Backbücher, wie ‚1 Teig – 50 Kuchen`. Woher nehmen Sie die Ideen und Kreativität, immer wieder neue Rezepte zu entwickeln?

Seit meiner Ausbildung zur Hauswirtschafterin beschäftige ich mich mit dem Kochen und Backen. Kochen und backen, das bedeutet für mich gleichzeitig Entspannung von der Schreibtischarbeit. Und ich mag das Spiel mit den Geschmacksaromen, dieses immer wieder neue Erleben, was zusammenpasst und schmeckt.

(?) Sie selbst sagen, dass Kochbuch-Autorin der tollste Beruf von allen ist. Was macht diesen Beruf, diese Berufung so einzigartig?

Kochen macht glücklich, ist nie langweilig. Vor allen Dingen ist es auch dieses Ausprobieren, diese uneingeschränkte Kreativität und man hat – nicht zuletzt – hinterher etwas leckeres zu Essen.

(?) Bei all der Rezeptvielfalt ihrer Bücher, gibt es ein Lieblingsbuch und sogar ein Lieblingsrezept?

Das Fantastischste ist immer das Buch, das zuletzt veröffentlicht wurde. Mein derzeitiges Lieblingsbuch ist also: ‚Noch mehr Pfälzer Tapas‘. Es ist im Leinpfad Verlag erschienen und seit diesem Frühjahr im Handel erhältlich. Und ich liebe meine Pfälzer Tiramisu, die müssen Sie unbedingt einmal ausprobieren.

(?) Ihr Portfolio als Autorin ist sehr vielseitig. Sie schreiben auch Krimis, Unterhaltungsromane und Geschichten für Kinder. Kochen und backen Ihre Hauptdarsteller gerne?

In meiner regionalen Reihe um Kommissarin Paula Stern handelt es sich um kulinarische Pfalzkrimis. Da wird natürlich gut und leidenschaftlich gekocht und gegessen. So lautet der Titel meines zuletzt veröffentlichten Krimis: ‚Rieslingtrüffel‘. Der Schauplatz ist eine Confiserie-Manufaktur in unserer Region.

(?) Ein Mensch, der so fleißig und ständig kreativ ist, braucht einen gewissen Ausgleich, um neue Kraft zu tanken. Wie gestalten Sie Ihren Ausgleich von Ihrer Arbeit?

Ich sehe meine Arbeit als Kraftquelle – Erfolg beflügelt! Wir feiern jeden Vertrag, das Erscheinen eines jeden Buches, wir gehen aus oder kochen etwas Besonderes. Es ist ein großartiges Gefühl, ein neues Werk in den Händen zu halten. In meiner Freizeit fahre ich gerne Motorrad und liebe die Gartenarbeit. Außerdem habe ich einen wunderbaren Partner, der mich unterstützt und stärkt.

(?) Kann man Sie buchen?

Ich halte verschiedene szenische Lesungen ab, die ich sehr lebendig gestalte. Viele kennen mich schon in meiner roten Kochjacke mit den Engelsflügeln. Treffen kann man mich zum Beispiel bei Landfrauenvereinen, aber auch in Büchereien, Bibliotheken, Weinstuben oder in Restaurants. Nach Wunsch der Veranstalter gibt es wahlweise einen Kriminellen Kaffeeklatsch oder Tödliche Tapas. Selbstverständlich gibt es auch immer leckere Kostproben meiner Rezepte. Näheres zu den Veranstaltungen finden Sie auf meiner Homepage: gina-greifenstein.de

PFÄLZER TIRAMISU
VON GINA GREIFENSTEIN

ZUTATEN FÜR 8-10 PORTIONEN

WAS SIE DAZU BRAUCHEN:

8-10 Dessert- oder Weingläser

100 g Mandelstifte

200 g Sahne

1 Päckchen Vanillezucker

500 g Magerquark

100 g Zucker

200 ml kalter Kaffee

150 ml Dornfelder Rotwein

200 g Löffelbiskuits

8-10 Schoko-Kaffeebohnen

Die Mandelstifte ohne Fett in einer kleinen Pfanne bei mittlerer Hitze leicht anrösten. Sahne mit Vanillezucker steif schlagen. Den Quark mit dem Zucker glattrühren und die gerösteten Mandeln und die Sahne gründlich unterheben. Den Kaffee zusammen mit dem Dornfelder in eine kleine Schüssel geben. Löffelbiskuits in 2-3 Teile zerbrechen, portionsweise kurz in der Kaffee-Rotwein-Mischung wenden und als erste Schicht in die Gläser geben. Mit Quarkmasse bedecken. Eine weitere Schicht getränkte Biskuitstücke darauf geben. Mit Quarkmasse bedecken. Jedes Glas mit 2 Schoko-Kaffeebohnen verzieren und im Kühlschrank mehrere Stunden durchziehen lassen.

TIPP
Größere Portionen können Sie in eine Schüssel oder Auflaufform schichten. Zum Servieren einfach mit einem Esslöffel oder einem Eisportionierer Kugeln abstechen, in kleine Schalen oder Gläser setzen und mit den Schoko-Kaffeebohnen dekorieren.

RESTAURANT RIVA

FREUNDLICHKEIT
MIT HERZ UND LEIDENSCHAFT

Wie eine kleine Parkanlage mit altem Baumbestand wirkt der großflächige Außenbereich des Kaisergarten Hotel & Spa. Modern und mit hochwertigen Materialien perfekt geplant, und doch natürlich, romantisch.

Fast ein Drittel der Fläche nimmt eine Teichanlage ein, die durch eine Brücke knapp über dem Wasserspiegel geteilt wird. Aus großen Steinen quillt ein Brunnen, der für einen sanften, entspannenden Unterton sorgt. Wer will, nimmt an den Tischen direkt neben dem RIVA Platz, oder sucht sich einen ruhigen Ort bei den Sitzgarnituren, die dezent im Grün des Gartens versteckt sind. „Für Deidesheim ist es etwas besonderes, wenn Gäste mitten im Ortskern im grünen Außenbereich frühstücken können." Der Garten ist für die Gäste sowie für den Geschäftsführer und Hoteldirektor Sebastian Steuber das Highlight schlechthin. „Wir haben bei Planung und Ausführung besonderen Wert auf beste Materialen gelegt. Ob Sandstein, Muschelkalk oder Echtholz, hier ist alles natürlich und edel."

In Hotel und Restaurant begegnet einem natürliche und authentische Freundlichkeit auf Schritt und Tritt. „Hier arbeiten Menschen mit der richtigen Herzenseinstellung, die Freude ausstrahlen und mit Leidenschaft für ihren Job brennen. Einer von ihnen ist Martin Husch, der das Restaurant RIVA im Hotel als Chefkoch seit 2015 leitet: „Das Gesamtkonzept des Kaisergarten Hotel & Spa lebt von einem sehr hohen Anspruch. Das entspricht ganz meinen Vorstellungen. Hier kann ich mich kreativ austoben und genieße dabei großes Vertrauen von Seiten der Geschäftsleitung, die Kreativität regelrecht einfordert!" Hochwertige mediterrane Stilistik, mit einem Steak-Touch der Extraklasse. Diese Mischung kommt bei den Gästen hervorragend an. Obwohl Martin Husch immer wieder an neuen kulinarischen Finessen tüftelt, gibt es Top-Gerichte auf der Karte, die bleiben müssen. „Hier würden unsere Gäste rebellieren, wenn wir diese austauschen würden", erklärt er überzeugt. Einer der Stars, die auf der Karte mit ‚Tipp' hervorgehoben werden, ist das ‚Vitello riva-to'. Eine Abwandlung des klassischen ‚Vitello tonato'. Der Klassiker aus der guten italienischen Trattoria wird mit einigen raffinierten Tricks etwas abgewandelt. Die Kalbshüfte mit Tunfischsauce wird geschickt

BRETONISCHER STEINBUTT

Für 4 Personen

4 Filets vom Steinbutt à 180 g
1 Zweig Rosmarin und 1 Zehe Knoblauch
Olivenöl und Butter zum Braten
16 Zuckerschoten
2 große Schalotten
170 g frische Butter
125 ml Weißwein
2 cl Noilly Prat
1 cl Pernod
120 ml Fischfond
3-4 EL Schmand oder Crème fraîche
24 bunte Kirschtomaten, halbiert
weißer Balsamico
Tomami Konzentrat (stark
reduzierter Tomatensaft)
Majoran
Beurre blanc (eine mit Butter
gebundene Weißweinsauce)
Salz und Pfeffer

Die Zuckerschoten in kochendem Salzwasser für ca. 25 Sek. blanchieren, in Eiswasser abschrecken, diagonal halbieren und beiseite stellen. Für die Sauce Schalotten schälen, würfeln und in 10 g Butter in einer kleinen Pfanne farblos anschwitzen. Mit Weißwein, Noilly Prat und Pernod ablöschen, leicht reduzieren, den Fischfond zugießen und alles auf die Hälfte einkochen. Durch ein feines Sieb in eine weitere Pfanne passieren, dabei die Schalotten für das Aroma gut ausdrücken. Schmand/Crème fraîche zum Sud geben und aufkochen. 160 g Butter in Stücken mit dem Stabmixer einarbeiten. Mit Salz und Pfeffer abschmecken. Die Fischfilets beidseitig würzen und in einer Pfanne gold-gelb anbraten. Rosamarin und Knoblauchzehe beigeben, das verleiht Aroma! Zuckerschoten mit restlicher Butter und etwas Wasser in einem Topf auf kleiner Stufe erhitzen und mit Salz und Pfeffer leicht würzen. In einer Pfanne die Kirschtomatenhälften in Olivenöl heiß anbraten, mit Balsamico und Tomami ablöschen, mit Salz würzen und etwas Majoran zugeben. (Nur kurz braten, sonst werden die Tomaten matschig!)

Den Fisch und das Gemüse auf den Teller legen. Mit etwas Tomamisud und Beurre blanc beträufeln. Dazu passen Salzkartoffeln oder Parisienne.

"
Unsere hochwertige
mediterrane Stilistik,
mit einem Steak-Touch
der Extraklasse.
Diese Mischung kommt
bei den Gästen
hervorragend an."

"

ergänzt mit Kapernäpfeln und Datterini-Tomaten. Natürlich selbst eingelegt und getrocknet. Dazu kommt ein frischer Yellowfin-Thunfisch, der beidseitig angegrillt das Arrangement perfekt mit leichtem Grillaroma abrundet. „Hier haben wir ein Gericht, was nicht an jeder Ecke zu haben ist", kann Martin Husch mit Stolz behaupten. Im Mittelpunkt des Restaurants steht eine gläserne Showküche. Hier kann der Gast bei der Zubereitung den Köchen über die Schulter schauen. Herzstück ist ein Woodstone-Ofen aus den USA, der speziell für Pizzas zum Einsatz kommt. Damit auch die Pizzas dem Niveau des RIVA standhalten können, hat Martin Husch speziell ein Praktikum bei einem bekannten Pizzaiolo in Mailand absolviert. „Mich hat begeistert, wie die Italiener den Pizzateig regelrecht leben." Mit einem Mailänder Rezept im Gepäck wurde anschließend im Riva der Teig perfektioniert, der nun die optimale Grundlage für jede Pizza bildet. „Unsere Gäste sind beeindruckt."

KAISERGARTEN HOTEL & SPA DEIDESHEIM
RESTAURANT RIVA
WEINSTRAßE 12
67146 DEIDESHEIM

T 0 63 26 - 700 07 7
WWW.KAISERGARTEN-DEIDESHEIM.COM
INFO@KAISERGARTEN-DEIDESHEIM.COM

MODERNE ELITE IN ALTEN MAUERN

RESTAURANT
L.A. JORDAN
RESTAURANT
1718

Wer als Gast den Ketschauer Hof betritt, begegnet Geschichte, Stil und Philosophie des Hauses.

Fast ehrfürchtig betritt man die Lobby, einen mit Holz vertäfelten hohen Raum, der an einen kleinen Rittersaal erinnert. Hohe, verzierte Türen lassen vermuten, dass hier vor langer Zeit edle und angesehene Persönlichkeiten wohnten, die sich hochwertigen Einrichtungsstil etwas kosten ließen. Neben dem grünen Kachelofen kann man auf einer großzügigen, gepolsterten Sitzbank mit hoher Lehne Platz nehmen. Der Raum wird in ein angenehmes, natürliches Licht gehüllt, das von den Fenstern mit Butzenglas hineinfällt. Unter modernen großen Lampenschirmen stehen einige Clubsessel, die zusammen mit Wand und Sitzbank in dunklem Fliederblau gehalten sind. Hier speiste einst Familie Bassermann-Jordan, die in Deidesheim mit ihrem Hof- und Weingut zu Hause war.

„Dies ist mein Lieblingsort", verrät Sebastian Steuber, der als Direktor Hotel und Restaurant führt. „In aufwendigen Umbauarbeiten mit viel Liebe zum Detail, ist es uns gelungen die alten Werte des historischen Weinguts zu erhalten und sie mit neuen, modernen Elementen zu verbinden", erklärt er weiter. So finden sich jetzt in altem Gemäuer zwei Restaurants der Extraklasse: das „L.A. Jordan" und das „1718".

Was von außen noch an ehemalige Ställe erinnert, überrascht im Innenbereich des L.A. Jordan durch ein hochwertiges, modernes Ambiente. „Wenn unsere Gäste an handgefertigten Tischen und Stühlen Platz nehmen, sind wir verpflichtet, nur das Beste auf den Teller zu bringen." So kann nur ein Sterne-Koch sprechen, den man mit Daniel Schimkowitsch für das Top-Restaurant begeistern konnte. „Wir waren bereits in München mit unseren Ideen auf der Überholspur", berichtet er begeistert. „Als ich sah, was in der Pfalz entstand, und mit welchem Anspruch man im Gesamtpaket ein so hohes Qualitätslevel anstrebte, wollte ich ein Teil davon sein."

"

Hier engagiert
sich eine moderne
Elite, kompetent
und passioniert,
erstklassig!

"

BOUILLABAISSE
RESTAURANT 1718

Zutaten für 4 Personen

1-1,5 kg Edelfischkarkassen
200 g Krustentierkarkassen
2 l Fischfond
300 ml trockenen Weißwein
je 100 ml Pernod und Noilly Prat
1 EL Tomatenmark
200 g Pelati-Tomaten
4-5 Schalotten (je nach Größe)
3 Zehen junger Knoblauch
1 Karotte
je 200 g Stauden-
und Knollensellerie
je 100 g Fenchel und Lauch
Safran
Graues Meersalz (Sel Guérande)
je 1 TL Pfefferkörner weiß,
Fenchelsaat, Cayenne Pfeffer
1 Lorbeerblatt
2 Zweige Thymian
1 Zweig Dill
400 g Edelfisch
200 g Krustentiere
Piment d'Espelette
Zitronensaft
etwas Butter

Fischkarkassen säubern und unter klarem Wasser abwaschen. Das Gemüse haselnussgroß schneiden. Olivenöl in einem Topf erhitzen. Krustentierkarkassen scharf anschwitzen. Gemüse zugeben und mitschwitzen. Tomatenmark zugeben, leicht anrösten und Pelati-Tomaten kurz mitschwitzen. Gewürze einarbeiten, mit Meersalz leicht vorwürzen und mit Alkohol ablöschen.

Hitze reduzieren und den Alkohol auf ein Viertel reduzieren. Anschließend mit Fischfond auffüllen und bei mittlerer Hitze zum Kochen bringen. Hitze auf ein Minimum reduzieren und 2 bis 3 Stunden leicht sieden lassen. Den Sud zunächst durch ein Lochsieb, anschließend durch ein feines Sieb passieren, erneut aufstellen und etwa auf die Hälfte (je nach gewünschter Intensität) reduzieren.

Pro Person 150 g Edelfischfilet und Krustentier in den heißen Sud geben, garziehen lassen (nicht kochen), herausnehmen und auf den Tellern anrichten. Den Sud mit Piment d'Espelette, Zitronensaft und Meersalz abschmecken, mit einer Flocke kalter Butter aufmixen und über den Fisch gießen.

So bewarb sich Daniel Schimkowitsch in bunten Turnschuhen und Tätowierungen selbstbewusst für die Stelle als Chefkoch im L.A. Jordan und kam an. Seit 2014 prägt er die Ausrichtung des Gourmet-Restaurants. „Auch wenn für mich und mein Team die Qualität auf dem Teller absolute Priorität hat, sehe ich doch das Gesamtkonzept." So erlebt man Schimkowitschs Team in Jeans und Turnschuhen. „Wir möchten, dass der Gast uns authentisch erfährt." Und das kommt an und prägt auch in dieser Hinsicht das individuelle Gesicht des L.A. Jordan, was sich in allen Bereichen widerspiegelt. „Wir wollen mit Qualität die Speerspitze bilden", formuliert der Perfektionist und Querdenker sein ambitioniertes Ziel, was auch in der Auswahl seines Teams zum Ausdruck kommt. So ergänzt u. a. Jan Steltner als Sommelier perfekt das Team und lebt mit seiner legeren, unkomplizierten Art das Konzept eines Daniel Schimkowitsch aus, sodass der Gast bereits bei der Begrüßung erfährt, wie sich Professionalität mit authentischer Lebensfreude verbinden kann. Und das steckt an!

„Im 1718 bieten wir eine moderne, gehobene Stilistik mit einer Fischbetonten Speisenauswahl, die auch für den Alltag den anspruchsvollen Gast angenehm überrascht." Diese Prägung verdankt das 1718 u.a. auch Lars Wolf, der als Spitzenkoch seit 2017 die Küche leitet. „Ich bin stolz, in diesem phantas-tischen Haus arbeiten zu können", kann Lars Wolf begeistert erzählen, der in großen Küchen in Hamburg und Köln zuhause war. „Hier darf ich mich als Koch ausleben", berichtet der Koch, der mit seiner Familie das Leben in der Pfalz schätzen gelernt hat. Und so kann das 1718 mit einer weltoffenen Speisekarte aufwarten, die man an der Weinstraße nicht vermuten würde. Seine Bouillabaisse 1718 hat sogar solchen Bekanntheitsgrad erreicht, dass man sie schon fertig in trendigem Dosendesign zum Mitnehmen erwerben kann. In exklusiven Kochevents lässt Lars Wolf sich über die Schulter schauen und verrät die Tricks und Feinheiten der französischen Haute Cuisine.

Treffend beschreibt ein Eintrag im Gästebuch das Team des Ketschauer Hofes: „Hier engagiert sich eine moderne Elite, kompetent und passioniert, erstklassig!"

KETSCHAUER HOF
HOTEL & RESTAURANT GMBH
KETSCHAUERHOFSTRASSE I
67146 DEIDESHEIM

T 0 63 26 - 700 00
INFO@KETSCHAUER-HOF.COM
WWW.KETSCHAUER-HOF.COM

DIE HERREN DER LAGEN

WEINGUT REICHSRAT VON BUHL

Wenn Richard Grosche sich einen Ort
zum Wandern oder Biken aussucht, dann wird man ihn
in der Regel auf den höheren Weinbergswegen
oberhalb von Forst antreffen. Hier, am Aussichts-
punkt Lagenstein, ist der beste Ort, um Pause zu
machen und zu genießen.

Dabei sind es nicht die perfekte Aussicht und der weite Blick auf die Rheinebene, in der man Ludwigshafen, Mannheim und die Anfänge des Schwarzwaldes erkennen kann, die die Besonderheit des Ortes
für Richard Grosche ausmachen. Der eine von zwei Geschäftsführern des Weinguts Reichsrat von Buhl
schätzt die Pfalz, die Natur und die Ruhe, die sie ausstrahlt. Doch letztlich bekommt nur eins seine
volle Aufmerksamkeit: die großartigen Lagen, die das Weingut von Buhl sein Eigen nennen darf.
Wie ein Hirte schweifen Grosches Augen über seine ‚Filetstücke', wie er seine Lieblinge gerne
bezeichnet. So finden sich in der Tat nicht weniger als 14 VDP-Toplagen unter seiner Hand. Alleine
acht Große Lagen lassen seine Augen leuchten. Während einer Tour durch die Weinberge von Forst,
Deidesheim und Ruppertsberg kommen wir ins Gespräch. Schnell wird deutlich: Wer mit solcher
Begeisterung für seine Lagen, Reben und den Wein brennt, muss top Weine hervorbringen. „Wir
restaurieren sogar die alten, angrenzenden Weinbergsmauern unserer Nachbarn, um unseren Lagen
den besten Schutz zu bieten." An vielen Stellen ist Lavendel gepflanzt, um Bienen und Schmetterlinge
anzulocken. „Wir müssen das zurückholen, was wir unserer Natur über Jahrzehnte geraubt haben",
erklärt er voller Mitgefühl, und man merkt, hier ist einer, der Zusammenhänge verstanden hat und
weiß, was dem Rebstock gut tut. Und wie man ihn pflegt und schützt.

"

Das Lagen-Portfolio
von Buhl ist
außergewöhnlich.
Setzten sie ein Team
ein, dass dieses zu
schätzen weiß und es
entwickeln kann.

"

Schließlich sind die Ambitionen hoch, denn hier geht es um nicht weniger als den Ertrag aus den kostbarsten Lagen der Pfalz, und darüber hinaus!

Das Traditions-Weingut wurde 2005 von dem Neustadter Unternehmer Achim Niederberger gekauft. Dieser holte sich Rat bei Richard Grosche, der zu dieser Zeit Chefverkoster beim Meininger Verlag war. Als Experte für Italien und Neuseeland hatte er in Deutschland natürlich die Pfalz im Fokus und empfahl: „Das Lagen-Portfolio von Buhl ist außergewöhnlich. Setzen sie ein Team ein, dass dieses zu schätzen weiß und es entwickeln kann." So wurde Richard Grosche im Juli 2013 zum Geschäftsführer des Weinguts eingesetzt. Achim Niederbergers Idee war unternehmerisch spannend, da er mit Grosche einen Journalisten als Herrn über den Weinkeller einsetzte. Jetzt sollte sich zeigen, ob sich die jahrelangen Erfahrungen aus den bekanntesten Weinkellern der Welt in Deidesheim

umsetzen ließen. Schnell zeigte sich, dass sich dieser Schachzug als goldener Griff erwies. Auch mit dem Einstieg von Mathieu Kaufmmann als zweiter Geschäftsführer und Kellermeister gelangte von Buhl ein weiteres mal in die Schlagzeilen.

Vollkommen gegen die Tradition, gab Mathieu Kaufmann eine der bedeutungsträchtigsten Anstellungen beim Champagnerhaus Bollinger auf und wechselte zu von Buhl. „Als ich mir die von Buhlschen Weinberge ansah, war ich von der Qualität der Reben, dem Boden und den Lagen sofort begeistert. Ich sah das große Potential, und mein Herz brannte für eine neue Herausforderung." Man bekommt Ehrfurcht, wenn Mathieu Kaufmann in seiner zurückhaltenden und ruhigen Art erklärt, wie er die Zusammenhänge von Bodenbeschaffenheit, Pflege und Ertrag sieht. Immerhin spricht hier einer der renommiertesten Großmeister der Weinkunst.

"

Als ich mir die von
Buhlschen Weinberge
ansah, war ich von der
Qualität der Reben, dem
Boden und den Lagen
sofort begeistert.
Ich sah das große
Potential, und mein
Herz brannte für eine
neue Herausforderung.

"

„Nur ein gesunder Boden ist die Grundlage für besten Ertrag und dauerhaften Erfolg." So ist Kaufmann ein Verfechter der biodynamischen Bewirtschaftung und als Dozent in dieser Hinsicht sehr gefragt. Gemeinsam machen die beiden es sich seit einiger Zeit zum Ziel, die Bezeichnung ‚trocken' neu in der Weinwelt zu positionieren und dies mit dem Namen von Buhl zu verbinden. So trägt u.a. die neue Marke ‚Bone Dry' dazu bei, in besonderer Weise auf die Spitzenprodukte der Deidesheimer aufmerksam zu machen.

Mit ausgefallenen Events wie der ‚Bone Dry Lounge' setzt das Weingut besonders auf junge Weinliebhaber, die im oberen Qualitätssegment ansetzen möchten.

WEINGUT REICHSRAT VON BUHL GMBH
WEINSTRAßE 18-24 · 67146 DEIDESHEIM

T 0 63 26 · 965 01 9
INFO@VON-BUHL.DE · WWW.VON-BUHL.DE

WEINGUT GEHEIMER RAT DR. VON BASSERMANN JORDAN GMBH

300 JAHRE TRADITION VERPFLICHTEN

Wenn Gunther Hauck von den Anfängen
und der Entwicklung des Weinguts erzählt,
wird Geschichte lebendig. Man tritt einen Schritt
zurück, wenn man sieht wie bedeutende Persönlichkeiten aus der Familie Bassermann-Jordan ihre
Möglichkeiten in Politik, Wirtschaft und Kunst
nutzten, um den Wein und die Region
voran zu bringen.

Die Grundlagen des Weinguts liegen in Frankreich, wo 1718 Pierre Jordan ein Weingut gründete. Später zog es ihn in die Pfalz, wo seine Familie 1783 das erste Grundstück in Deidesheim erwarb und das Weingut in der Pfalz aufbaute. Nach der französischen Revolution konnte die Familie durch den Verkauf ihres geheimen Weinvorrats in Fulda einige Lagen in Forst kaufen. Dazu zählten Lagen aus dem Kirchenstück und dem Jesuitengarten, die bis heute zu den Top-Lagen der gesamten Pfalz zählen und seit dieser Zeit zum Besten des Weinguts gehören. Eine bedeutende Ergänzung des Lagensortiments erfuhr das Weingut, als man 1817 den Besitz des Grafen von Lehrbach aufkaufte. Dieser beinhaltete u.a. 50 Morgen Weinberge, die sich überwiegend aus den Top-Lagen in Deidesheim, Ruppertsberg und Forst zusammensetzten. Heute bewirtschaftet das Weingut bereits über 50 Hektar.

Das besondere soziale Engagement der Familie hat bis heute seine Auswirkungen. So rief Andreas Jordan bereits 1849 eine Stiftung ins Leben, die Arbeitern des Weinguts helfen sollte, die in Not geraten waren. Diese Stiftung hat sich bis heute gehalten und unterstützt auch aktuell die Angestellten bei Bassermann-Jordan.

„Mit unseren Lagen können wir uns sehr wohl sehen lassen. Den Schwerpunkt haben wir in Deidesheim mit den Top-Lagen: Hohenmorgen, Kalkofen, Grainhübel, Kieselberg und Leinhöhle. Natürlich gehören die berühmten Spitzen-Lagen in Forst wie das Kirchenstück, der Jesuitengarten und Ungeheuer mit zu unserem Pfunden", erklärt Gunther Hauck selbstbewusst. Er hat seit über 20 Jahren zusammen mit Ulrich Mell das Weingut bis an die Spitze geführt, sodass die Weine aus dem Haus Bassermann-Jordan in den besten Restaurants der Welt zu Hause sind.

"
Mit unseren
Lagen können
wir uns
sehr wohl
sehen lassen!

"

"

Ulrich Mell
krempelte den
Keller um, und
fing an tolle Weine
zu produzieren!

"

Gunther Hauck stammt aus einer Pfälzer Winzerfamilie. Als gelernter Bankkaufmann und Betriebswirt sammelte Hauck viel Erfahrung im Weinvertrieb in Berlin und im Rheingau. Er hatte sich als Vertriebspartner über Jahre das Vertrauen der Familie von Bassermann erworben. Frau von Bassermann bat ihn um Rat und fragte ihn: „Was soll ich mit dem Weingut tun?" Zur Zeit von Ludwig Basserman wurde der Wein eher altmodisch ausgebaut. Man bevorzugte die feinherbe Richtung. Allerdings forderte der Markt damals schon mehr trockene Weine. „Sie brauchen als Erstes einen guten Kellermeister", gab er als Ratschlag. Wenig später entschied man sich, Ulrich Mell als technischen Leiter einzustellen, der bereits als Fachmann für trockene Weine in der Region hoch gehandelt wurde. „Er sollte den Keller umkrempeln und fing an, tolle Wein zu produzieren. Diese wollen aber auch verkauft werden!" So wurde schließlich auch Gunther Hauck an den Hof gerufen.

WEINGUT GEHEIMER RAT
DR. VON BASSERMANN JORDAN GMBH
ULRICH MELL UND GUNTHER HAUCK
KIRCHGASSE 10
67146 DEIDESHEIM

T 0 63 26 · 600 6
HAUCK@BASSERMANN-JORDAN.DE
WWW.BASSERMANN-JORDAN.DE

LEOPOLD RESTAURANT

GAUMENKITZEL UNTERM KREUZGEWÖLBE
MIT TRAUMHAFTEM FLAIR

Wer entlang der Weinstraße durch Deidesheim fährt,
wird am nördlichen Ausgang unmittelbar auf das
Traditionsweingut Von Winning stoßen.
Gleich neben Weingut und Gutsvilla befindet
sich das LEOPOLD Restaurant.

Neben dem großflächigen Außenbereich unter uralten Bäumen mit Bachlauf und alten Mauern kann man im gemütlichen Ambiente des Restaurants Platz nehmen. Der ehemalige Pferdestall mit altem Sandstein und Kreuzgewölbe strahlt ein besonderes Flair aus, sodass sich beim Gast schnell ein Wohlfühl- und Entspannungs-Modus einstellt.

„Hier kann der Gast eine Atmosphäre wahrnehmen, die besonders durch ein perfekt aufeinander abgestimmtes, harmonisches Team zum Ausdruck kommt", erklärt Nadine Heß, die mit viel Erfahrung aus unterschiedlichsten Bereichen der Gastronomie das Team im Service leitet. „Wir gehen sehr familiär miteinander um. Jeder harmoniert mit jedem." Und sie fügt hinzu: „Nach vielen Stationen in unterschiedlichsten Häusern lag für mich im Leopold ein besondere Reiz. Ein Top-Restaurant in besonderer Kombination mit einem alten Spitzen-Weingut. Hier erleben die Servicekräfte von der Ernte bis zum Fass live die Entwicklung des Produktes, das sie anschließend dem Gast ausschenken dürfen." Spontane Wünsche der Gäste sind für das Team kein Problem und werden als Herausforderung gesehen. „Hier können wir unsere Fachkompetenz, die Zusammenarbeit und unsere sorgsame Produktauswahl unter Beweis stellen", kann Nadine Heß überzeugt erwähnen. Besonders durch die Verbindung zum Weingut ist man in der Lage, korrespondierende Weine perfekt zu den Gerichten und den Wünschen des Gastes entsprechend abzustimmen! „Wir gehen sehr individuell auf die Wünsche der Kunden ein. Dabei gehört es für mich zum Standard, dass unserer Service weiß, welche Weine wir im Ausschank anbieten, wie unsere Lagen sich in ihrem Charakter zeigen, und zu welchen Aromen der Wein harmoniert." Jeder im Leopold, der neu anfängt, wird gezielt auf das Weinangebot geschult. Nur so kann jeder wirklich eine tiefgründige Beratung bieten, auf die das Team sehr stolz ist."

SEETEUFEL MIT ERBSENPÜREE, PFIFFERLINGEN UND OFENTOMATEN

Für 2 Portionen

2 Seeteufel-Medaillons à 180 g
100 g Erbsen
200 g Kartoffelpüree
2 Schalotten
50 g Butter
etwas Butter zum Braten
50 ml Weißwein
200 ml Fischfond
300 ml Sahne
1 Messerspitze Cayennepfeffer
je 40 ml Pernod, Noilly Prat
Saft 1 Zitrone
8 Kirschentomaten mit Strunk
Olivenöl
1 Zehe Knoblauch
je 1 Zweig Rosmarin, Thymian
200 g Pfifferlinge
je 1 TL Petersilie, Schnittlauch
Salz, Pfeffer, Muskat

Für das Püree die Erbsen fein pürieren, durch ein Sieb strei-chen und mit dem Kartoffelpüree mischen. Für die Sauce die Schalotten in Butter andünsten, mit dem Weißwein ablöschen und reduzieren lassen. Den Fischfond beigeben und leicht reduzieren. Die Sahne beigeben und zur Hälfte reduzieren lassen. Mit Cayennepfeffer, Pernod, Noilly Prat, Salz, Pfeffer und Zitronensaft abschmecken und mixen.

Für die Ofentomaten die Kirschentomaten inkl. Strunk in Olivenöl, Knoblauch, Rosmarin, Thymian, Salz und Pfeffer marinieren. Bei 180 °C etwa 3–4 Minuten in den Ofen schie-ben. Die Pfifferlinge sauber putzen, in Butter anbraten mit Salz, Pfeffer und Muskat abschmecken. Fein geschnittene Petersilie und Schnittlauch dazu geben. Den Seeteufel in Butter goldbraun anbraten. Anrichten und servieren.

" Besondere Kundenwünsche
nehmen wir als
Herausforderung.
Denn hier können wir
unsere Fachkompetenz und
unser perfektes Teamplay
ausspielen. "

Wenn der Gast noch mehr über den Wein erfahren möchte, hat er die Möglichkeit, auch in der Vinothek vor Ort die Experten zu fragen, die praktisch direkt neben dem Fass stehen. „Im Leopold wird ausschließlich Frischware verarbeitet. Leberknödel und Bratwürste werden selber gemacht. Für jeden Gast wird frisch gekocht." „Ein Dauerbrenner ist unsere Pfälzer Trilogie, mit eigenem Kartoffelstampf. Einige Gäste reisen eigens an, nur für die Nierchen in Dijon-Senf-Sauce oder den mediterranen Pulpo-Salat mit leichter Aioli." Stolz ist man auf das Tartar, das über lange Zeit aromatisch perfektioniert wurde. Sogar Spitzenprodukte wie ein Kobe in der Stufe 11 stehen bei Verfügbarkeit für den anspruchs-vollen Gast auf der Karte. „Viele positive Impulse kommen über die Geschäftsführung, die durch den Austausch mit führenden Restaurants in der ganzen Welt neue Inspirationen in unsere Küche bringt, die unsere Karte perfekt ergänzen, oder zu verbessern helfen. Viele Köpfe ergeben mehr Ideen, das ist unsere Stärke."

LEOPOLD RESTAURANT
IM WEINGUT VON WINNING
WEINSTRASSE 10
67146 DEIDESHEIM

T 0 63 26 · 966 88 88
LEOPOLD@VON-WINNING.DE
WWW.VON-WINNING.DE

HOFGUT RUPPERTSBERG

ANSPRUCHSVOLLE BESCHEIDENHEIT
MIT WOHLFÜHL-CHARAKTER

Könnten die alten Mauern erzählen,
wüssten sie aus klösterlicher Zeit zu berichten, wo
Vieh und Gemüse den mühevollen Alltag bestimmte.

Auch der Wein war hier zuhause, als 1804 das Hofgut in den Besitz des Weinguts Dr. Bürklin-Wolf überging. Und dort, wo später der Schmied mit heißem Eisen arbeitete und die Kutschen abgestellt wurden, findet sich heute ein Restaurant, das in Charakter und Philosophie eine wunderbare Symbiose mit diesem natürlichen Ambiente bildet. „Ich liebe diese Räume mit ihrem besonderen, historischen Charme", berichtet Jean-Philippe Aiguier, der hier ab 2006 seinen Traum von einem Restaurant verwirklicht hat. Mit den Jahren gestaltete er Kräutergarten, die große Wiesenfläche, den mit Pechstein gepflasterten Innenhof, die Gasträume, optimierte Küche und Service. „Nun sind wir an einem Punkt, wo wir mit ein wenig Stolz auf ein perfekt abgestimmtes, großes Ganzes blicken können."

Die Lage ist einmalig. Nah am Hotspot von Deidesheim, Forst und Wachenheim liegt das Hofgut in einer landschaftlichen und kulturellen Oase. Natürlich, ruhig, mit einem unverbauten Blick auf die Mittelhaardt. Die Küche ist bio-zertifiziert, und damit einzigartig in der Region. „Wer bei uns zu Gast ist, kann sich sicher sein, dass alle Produkte auf dem Teller wirklich Bio sind", kann Jean- Philippe Aiguier mit Gewissheit behaupten. Dabei legt er großen Wert auf den handwerklichen Ansatz. „Wir leben von den guten Produkten, die wir bekommen. Wir wollen sie so berühren und verarbeiten, dass wir diese nicht maßgeblich verfälschen, um Frische und Eigengeschmack nicht zu beeinträchtigen. Bei uns gibt es pure Tomaten mit Olivenöl, Kräutern und einigen Zedernüssen. Wichtig ist, dass wir beste Tomaten und frische Kräuter haben. Mehr braucht man nicht. Das ist reiner, purer Genuss. Wir sind kein Autorenkino und wollen auch nicht nach den Sternen greifen", fügt er bescheiden hinzu. So sieht man sich fokussiert auf das Produkt und nicht auf den Hersteller. Neben ausgefeilten Menüs gibt es Klassiker,

GEBRATENES FILET
VOM ALTRHEINWALLER

Für 4 Personen

800 g Filet vom Altrheinwaller
Olivenöl und Butter zum Garen
ca. 300 g Kartoffeln, festkochend
1 rote Paprika
1 Fenchelknolle
2 blaue Kartoffeln für Chips
2 Tomaten
4 Lauchzwiebeln
2 kleine Zucchini
1 Zitrone
250 ml Fischfond
1 g Safranfäden
250 ml sehr gutes Olivenöl
von sehr guter Qualität
12 schwarze Kalamata-Oliven
Meersalz, Pfeffer
1 kleines Schälchen Wildkräuter
Fett zum Frittieren

Das Filet in 4 Portionen teilen und im Kühlschrank aufbewahren. Die Kartoffeln und das Gemüse in Würfel von ca. 0,5 cm Dicke schneiden und getrennt bereit stellen. Den Fischfond mit Safran aufkochen und die Kartoffelwürfel zum Garen einrühren. Wenn die Kartoffeln fast gar sind, Paprika und Fenchel dazu geben und neben dem Herd gar ziehen lassen. Die blauen Kartoffeln gründlich waschen und gut trocknen. Mit einem Trüffelhobel feine Scheiben in ein Fettbad hobeln. So bleibt die blaue Farbe erhalten. Wenn sie knusprig sind, mit Salz und Pfeffer würzen und an einem warmen Ort beiseite stellen. Das Wallerfilet in einer Pfanne mit Olivenöl heiß und kross braten, sodass der Kern glasig bleibt. Am Ende des Garprozesses einen Spritzer Zitronensaft, frische Butterflöckchen dazu geben, und mit Salz und Pfeffer würzen. Zum Abschluss den Topf mit dem Fischfond wieder aufkochen und Tomaten, Lauchzwiebeln und Zucchini und die Oliven zugeben. Mit Zitronenabrieb, Salz und Pfeffer würzen. Den Fond mit dem Gemüse aufkochen und danach unter Schwenken des Topfes das Olivenöl dazu geben, sodass sich eine leichte Emulsion ergibt. Nicht erschrecken: Die Menge Olivenöl passt! Den emulgierten Fond mit dem Gemüse großzügig in einen warmen tiefen Teller geben und den Waller auf dem Gemüse platzieren. Die Wildkräuter über dem Gericht verteilen. Mit den Chips abschließen und direkt servieren.

"

Hier begegnet dem
Gast eine anspruchsvolle
Bescheidenheit.
Authentisch, natürlich,
biologisch, in bester
Qualität.

"

die für sich sprechen. Dazu zählen auch die Hechtklößchen, die mit Weißweinsauce überbacken und Blattspinat serviert werden. Der Hecht stammt aus dem Rhein und ist von hervorragender Qualität. So stammen viele Produkte von regionalen Zulieferern, die seit langem eine vertrauensvolle Zusammenarbeit garantieren. „Wir bekommen jede Woche Pilze. Diese sind topfrisch. Mit unseren Kräutern, Olivenöl, Wurzelgemüse und geräuchertem Ziegenkäse kombiniert, sind sie ein Gaumenschmaus. Wir fordern nicht unsere Wünsche von unseren Lieferanten, sondern gehen auf deren Angebote ein. So ist die Speisekarte sehr individuell, und besonders dicht an der Saison und an dem, was die Region aktuell bereitstellt." Dabei setzt Jean-Philippe Aiguier stark auf Beratung. „Wir haben ein intensiv geschultes, passioniertes Team, nicht nur in der Küche, sondern auch im Service. So können wir seriös und fundiert auf alle Fragen unserer Gäste eingehen. Hier sollen sich die Gäste wohlfühlen. Auf diesen Punkt arbeiten wir hin. Das soll unser Fokus sein!"

HOFGUT RUPPERTSBERG
OBERGASSE 2
67152 RUPPERTSBERG

T 0 63 26 - 982 09 7
INFO@DASHOFGUT.COM
WWW.DASHOFGUT.COM

Pasta

Trofie Pesto
mit Kartoffelwürfel | grüne Bohnen
Basilikumpesto | Pinienkern - Parmesancreme

Ravioli "Fior Di Sole"
gefüllt mit Ricotta, Rucola + Zitrone
Salbeibutter, getr. Tomaten + Taggiaoliven

Hauptgerichte

Fischsuppe venezianisch
Meeresfrüchte | Fladenbrot |
Krustentieraioli

DAS ESSZIMMER

ZU GAST BEI GUTEN FREUNDEN

„Ich wollte immer meine persönliche Philosophie
des Kochens in meinem eigenen Restaurant umsetzen",
erklärt Thomas Manthey, der über Stationen
in Köln und Wien in die Pfalz kam.

Seit 2017 können Gäste seine Kochkunst auch in Neustadt genießen. Mit im Team hat er gute Freunde: Matthias Seitz unterstützt ihn als Koch, Florian Reiß hat als Restaurantleiter den direkten Draht zum Gast. „Kochen ist für Thomas eine Herzensangelegenheit. Mich begeistert es immer wieder, wie er die Geschmacksaromen herausarbeitet. Dabei bleibt er sehr geradlinig und dem Grundprodukt treu. Seine Kompositionen aus frischen Produkten und hochwertigem Fleisch bringt er mit viel Kreativität auf den Teller. Wir beziehen unsere Produkte möglichst aus Deutschland und achten auf beste Qualität", berichtet Florian Reiß. Er vergleicht das Esszimmer gerne mit einem eigenen Kind, um das sich alle mit ganzer Hingabe kümmern.

Matthias Seitz ergänzt: „Wir sind Freunde und sprechen auf eine herzliche, wertschätzende und offene Weise alle Schritte miteinander ab. Das spürt der Gast, wenn er hier Platz nimmt. Und er sieht es schließlich auch auf dem Teller. Die Qualität der Speisen, die angebotenen Weine und das Gefühl, das hier mitschwingt, spiegeln die Besonderheit des Restaurants."

„Wir bieten eine hochwertige Gastronomie, die ihren Ursprung in der kulinarischen Tradition der italienischen Regionalküche hat", fasst Thomas Manthey sein Konzept zusammen. „Das ist meine Grundausrichtung: nicht zu verspielt und sehr bezogen auf die Qualität der Produkte." Sehr wichtig ist ihm auch die Kombination von Speisen und Wein. Neben ausgewählten Weinen aus Italien hat das Esszimmer bevorzugt regionale Weine kleiner Weingüter auf der Karte.

JI HAO LACHSFILET „TERIYAKI" MIT SÜSSKARTOFFELPÜREE, WASABI-ERBSEN UND BLAUBEERVELOUTÉ

Für 4 Personen

```
4 Lachsfilets à ca. 150 g
50 ml  Sesamöl
50 ml  Teriyakisauce
200 g  Blaubeeren
300 ml Fischfond
100 ml Weißwein
50 ml  Noilly Prat
80 ml  Sahne
50 g   Crème Fraîche
50 g   Butter
Saft von einer ½ Limette
Salz, Pfeffer
```

Für das Lachsfilet den Lachs eine halbe Stunde vor der Zubereitung aus der Kühlung nehmen, damit er Temperatur bekommt. In einer Pfanne Sesamöl erhitzen, Lachs ca. eine halbe Minute von beiden Seiten scharf anbraten. Die Pfanne vom Herd nehmen und den Lachs mit der Teriyakisauce überziehen.

Für die Velouté den Fischfond, Weißwein, Noilly Prat und Sahne erhitzen und bei kleiner Hitze köcheln lassen. Creme Fraîche, Limettensaft und Blaubeeren hinzugeben. Mit der Butter fein pürieren und durch ein feines Küchensieb abpassieren. Mit Salz und Pfeffer abschmecken.

"
Die Qualität der Speisen, die angebotenen Weine und das Gefühl, das hier mitschwingt, spiegeln die Besonderheit des Restaurants.
"

Fleischliebhaber erwartet im Esszimmer eine besondere Spezialität: Im ‚Big Green Egg', einem eiförmigen Holzkohlegrill mit Keramikwänden, erhält das Fleisch den perfekten Rauchgeschmack. Dazu werden hausgemachte Pommes mit Limetten-Chili-Aioli serviert.

Weitere Spezialitäten sind die Fischsuppe nach venezianischer Art, handgemachte Ravioli, aber auch exotische Gerichte, wie Ceviche, das populäre peruanische Nationalgericht.

Das Esszimmer ist der passende Name für das Restaurant. Der Raum strahlt mit viel hellem Holz und den großzügigen Fensterflächen Gemütlichkeit aus. Raffiniert gesetzte Akzente, wie die farbig gefliese Theke und die große Kreidetafel, verleihen ihm einen besonderen Pfiff. In dieser geschmackvollen Atmosphäre verwöhnen gute Freunde ihre Gäste.

DAS ESSZIMMER
THOMAS MANTHEY
HINTERGASSE 38
67433 NEUSTADT AN DER WEINSTRAßE

T 0 63 21 - 354 99 6
INFO@ESSZIMMER-NEUSTADT.DE
WWW.ESSZIMMER-NEUSTADT.DE

WINZER-SNACK

WENN NUSSAROMEN
DEN WEINGENUSS ERHEBEN

Jaroslaw Sojnikow ist Russland-Deutscher
und kam 1994 mit seiner Familie nach Deutschland.
Seine Familienmitglieder waren Musiker.
Nach Stationen über einen Buchverlag und
den erfolgreichen Aufbau eines Nuss-Imports
kam ihm eine geniale Idee.

„Ich saß mit einem guten Glas Wein in einem Restaurant in Neustadt. Es war Mittagspause, und die Küche hatte bereits geschlossen. Ich fragte, ob man mir zum Wein eine Kleinigkeit zu Knabbern anbieten könnte. Leider hatte man außer Chips und Erdnüssen nichts, was den Wein gut hätte begleiten können. Diese Erfahrung machte ich mehrfach, sodass ich darüber nachdachte, womit man den Weingenuss begleiten, oder sogar unterstreichen könnte."

Wein lebt vom Geschmack, der Vielfalt der Aromen und den unterschiedlichen Tönen. Für Jaroslaw Sojnikow war klar, dass überwürzte Chips oder Erdnüsse hier mehr zerstören, als dass sie helfen, den Weingenuss anzuheben. So reifte die Idee, einen Snack zu kreieren, der als sanfter Begleiter den Wein nicht überholt, sondern den Genuss sogar fördert. Dabei sollte dieser Snack die unterschiedlichen Ausprägungen und Charaktereigenschaften der Weine durchaus berücksichtigen. Also schien es nötig, verschiedene Gewürzmischungen und Zubereitungsverfahren zu entwickeln, die diesem Zweck genügen und der Vielfalt der Weinwelt gerecht werden.

Jetzt kam Jean-Philippe Aiguier ins Spiel. Der Deutsch-Franzose hatte in den besten Sterne-Restaurants gekocht, bis er sich in Ruppertsberg mit seinem eigenen qualitätsorientierten Gastronomie-Konzept selbstständig machte. Jaroslaw Sojnikow konnte ihn gewinnen, einige Tests mit verschiedensten Kräutern und Aromen durchzuführen. Nach einigen Monaten Versuchsküche war der große Tag der Verkostung gekommen. Zusammen testete man verschiedene Gewürzmischungen mit Mandeln und Cashewkernen in Verbindung mit unterschiedlichen Weinen. „Das Ergebnis war für uns beide verblüffend und begeisternd zugleich, sodass wir für die weitere Entwicklung noch einen unabhängigen, erfahrenen Sommelier hinzuzogen. So steuerten wir unsere Gewürzmischungen und Röstverfahren perfekt auf die einzelnen Weinsorten hin. Wir schrieben dem Riesling den perfekten Begleiter sozusagen auf den Leib."

"
Ich dachte darüber
nach, wie man den
Weingenuss mit
einer Kleinigkeit
begleiten, oder
sogar unterstreichen
könnte.

"

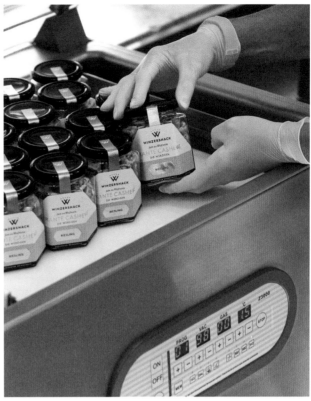

"
Wir schrieben dem
Riesling den perfekten
Begleiter sozusagen
auf den Leib.
"

Der Winzersnack war geboren. Durch viel positive Resonanz aus unterschiedlichen Richtungen ermutigt, entwickelte man gleich vier Geschmacksvarianten, die die wichtigsten Weinsorten abdecken sollten. So kann Jaroslaw Sojnikow und sein Team heute stolz folgende Weinbegleiter anbieten: pikante Cashews, würzig und passend zu Riesling. Cashews mit fruchtiger Note, geeignet zu Sauvignon Blanc. Pikante Mandeln in mediterraner Ausprägung als Begleiter für Merlot. Und schließlich herzhafte Mandeln, die einen Cabernet Sauvignon perfekt unterstreichen.

Mittlerweile ist in Frankeneck eine eigene Produktion entstanden, die ganz nach dem Konzept von Visionär und Feinköstler Jaroslaw Sojnikow die Nüsse so zubereitet, dass hochwertige Produkte entstehen, die nach und nach die Vinotheken erobern und Weinliebhaber begeistern.

WINZERSNACK E.K.
JAROSLAW SOJNIKOW
TALSTRAßE 50 · 67468 FRANKENECK

T 0 63 25 · 989 45 30
INFO@TAIGA.BIO · WWW.WINZERSNACK.DE

LOUNGE
IM WEINKONTOR
EDENKOBEN

EINE OASE DES GUTEN GESCHMACKS

Wer auf der Weinstraße von Neustadt Richtung Süden unterwegs ist, wird auch in Edenkoben gerne Rast machen.

Gleich zu Beginn der Ortes schaut man linker Hand auf einen Neubau, der viele Blicke auf sich zieht. Inmitten einer wunderschönen Parkanlage mit altem Baumbestand, der sein ganz besonderes Flair von einer im Jahre 1800 gepflanzten Libanon-Zeder erhält, ist ein Schmuckstück moderner Architektur entstanden. Großzügige, bodentiefe Fensterflächen und honigfarbene Sandsteinmauern umgeben einen modern und hochwertig gestalteten Gastraum. Dass man in der Pfalz von der Toskana Deutschlands spricht, wird hier wieder einmal mehr erlebbar. Die Terrasse ist aufwendig begrünt und mit vielen gemütlichen Sitzgelegenheiten bestückt. Dabei wurde auch an genügend Raum für ruhige Plätze gedacht, die zum entspannten Plaudern einladen. In der Tat setzten hier Architekten und Ideengeber neue Maßstäbe und fügten damit Stadt und Region ein weiteres gastronomisches Highlight hinzu. Der unmittelbare Erfolg der Lounge im Weinkontor verwundert nicht, denn die Initiatoren und Eigentümer haben gleichzeitig auch Geschäftsführung und Vorstandschaft des Weinkontors inne, das mit einer über 90-jährigen Tradition aufwartet. Entsprechend sind sie Experten auf ihrem Gebiet.

„Unser Wunsch war, unseren hervorragenden Weinen eine neue Plattform zu bieten. Dabei wollten wir – im Vergleich zu einer Vinothek oder einer reinen Weinlounge – auch dem kulinarischen Aspekt einen hohen Stellenwert zukommen lassen", erklären Uwe Krapp und Gerhard Römmich einmütig. „Wir haben einen Ort der Begegnung geschaffen, der die Menschen bei gutem Essen und Weinen höchster Qualität miteinander ins Gespräch bringt."

MACAIREKARTOFFELN

500 g mehlig kochende Kartoffeln
150 g Butter
1 Eigelb
frisch geriebene Muskatnuss
Meersalz oder
grobes Salz aus der Mühle
Fett zum Braten

So werden auf beiden Seiten knusprig gebratene Kartoffelkuchen genannt.

Klassisch werden sie hergestellt, indem man große Kartoffeln ungeschält im Ofen backt, anschließend halbiert und die Hälften mit einem Löffel bis zur Schale aushöhlt. Das Ausgehobene wird mit einer Gabel grob zerdrückt, mit etwas Butter vermischt, gesalzen, gepfeffert und dann in einer Pfanne beidseitig zu Küchlein gebraten. Wir verwenden in unserem Rezept Salzkartoffeln.

Die Zugabe von Eigelb verbessert die Konsistenz, während die Zugabe von gehacktem Schinken, Zwiebeln oder Schnittlauch andere geschmackliche Nuancen bietet.

ZUBEREITUNG
Kartoffeln in Salzwasser abkochen, ausdämpfen lassen und durch die Kartoffelpresse drücken. Butter und Eigelb mit einem Holzlöffel unter die Kartoffelmasse arbeiten. Die Masse mit Salz und Muskat würzen, abschmecken und eventuell nachwürzen.

Anschließend den Teig zu einer etwa 4–5 cm dicken Rolle formen und erkalten lassen. Die Rolle in ca. 1–1,5 cm dicke Scheiben schneiden und in wenig Fett in einer Pfanne goldgelb braten.

Die Taler auf Küchenpapier abtropfen lassen.

Mit Wilhelm Koch konnte das Team vom Weinkontor einen gastronomieerfahrenen Pächter gewinnen, der mit ihren Grundsätzen konform geht. „So wie der Wein, soll auch unsere Küche sein: ehrlich, solide, heimatverbunden und von hoher Qualität", betont Wilhelm Koch, „wir legen großen Wert auf Regionalität." Die gehobene und gleichzeitig traditionelle Pfälzer Küche in der Lounge ist breit gefächert. Köstlich zubereitete Pfälzer Spezialitäten munden aufs Beste zu den hervorragenden Weinen und Sekten des Weinkontors. Wöchentlich wechselt die Speisekarte und bietet somit den begeisterten Gästen zusätzlich leckere Gerichte. Wahre Gaumenfreuden versprechen würziger Burgunderbraten in Rotweinsauce, zünftiges Spanferkel mit hausgemachten Semmelknödeln, butterzarter Tafelspitz mit Meerrettich oder auf der Haut gebratener Zander mit einem Champagner-Rosmarin-Kraut. Im Sommer werden erfrischende Salat-Variationen angeboten, wie etwa ein Melonen-Paprika-

Salat mit geröstetem Sesam und gegrillten Garnelen. Oder die Gäste freuen sich über fangfrische Forellen und auf den Punkt gebratene Jakobsmuscheln. „Lecker, hochwertig und frisch soll es sein", darauf legt das Team um Wilhelm Koch großen Wert. Überzeugt fügt er hinzu: „Deshalb kommen unsere Gäste wieder! Wenn die Teller leergegessen sind und der Gast mit dem Brot die letzten Saucenreste auftunkt, erst dann sind wir zufrieden!"

Die Weinkarte wird in enger Absprache mit dem Weinkontor an die aktuelle Speisekarte angepasst. Der geschulte Service kann den Gast bei seiner Weinauswahl umfassend und freundlich beraten. Weiterhin empfiehlt sich die Lounge für Feierlichkeiten oder Firmenevents. Hier im Herzen der Pfalz haben sich Wilhelm Koch und sein Team der Lounge im Weinkontor Edenkoben viel vorgenommen. Freuen wir uns darauf!

WEINKONTOR EDENKOBEN EG
GERHARD RÖMMICH
WEINSTRAßE 130 · 67480 EDENKOBEN

T 0 63 23 - 941 90
INFO@WEINKONTOR-EDENKOBEN.DE
WWW.WEINKONTOR-EDENKOBEN.DE

LOUNGE IM WEINKONTOR EDENKOBEN
WILHELM KOCH
WEINSTRAßE 131 · 67480 EDENKOBEN

T 0 63 23 - 989 84 56
INFO@WKLOUNGE.DE
WWW.WKLOUNGE.DE

HAUSBRAUEREI JÄGER BRÄU

EIN SELBSTGEBRAUTES BIER FÜR JEDERMANN

„Als ich in den 70er Jahren mit
meinen Freunden regelmäßig am Wochenende
Düsseldorf besuchte, lernte ich die kleinen
Hausbrauereien lieben. Da reifte
mein Wunsch und eine Sehnsucht: Das möchtest
Du eines Tages auch einmal machen!"

2001 lernte Jürgen Jäger, der als Betriebselektriker in einem großen Werk in Karlsruhe beschäftigt war, über private Wege einen Techniker kennen, der im Raum Karlsruhe für den Aufbau kleiner Hausbrau-Anlagen zuständig war. Schnell ergab es sich, dass man sich gegenseitig aushalf und über die Schulter schaute. Die Begeisterung für technische Abläufe hatte Jürgen Jäger bereits im Blut, jetzt fehlte nur noch die Schulung durch einen erfahrenen Bierbrauer. Diesen fand er im Schwiegervater des Technikers, der als Bierbraumeister tätig war. „Hier konnte ich lernen und alle meine Fragen loswerden. Neben dem Selbststudium hatte ich einen Meister, der mich in der Gründung meiner eigenen kleinen Hausbrauerei unterstützte und auf dem Weg begleitete."

Und so entstand 2006 in Edenkoben an Stelle einer ehemaligen Tankstelle eine kleine Hausbrauerei, die stolz den Namen „Jäger Bräu" trägt. Heute kann Jürgen Jäger verschiedene Biere anbieten, die ihre feste Fangemeinde haben und in der Region bekannt sind. Dazu zählt ein Pils, ein dunkles Schwarzbier, ein doppelt gehopftes Pils und ein Weizenbier. „Alle Biere sind naturtrüb und nach deutschem Reinheitsgebot gebraut. Unsere Rohstoffe kommen bis auf den Hopfen alle aus der Region." Zudem werden je nach Saison besondere Spezialitäten gebraut.

Zur Weihnachtszeit kommt ein Nikolausbier, im Januar ein Rauchbier dazu. „Da bei uns alles Handarbeit ist, kann es vorkommen, dass nicht alle Biere durchgängig verfügbar sind. Je nach Reifegrad kann es schon mal zu einigen Tagen Verzögerung kommen. Das fällt unserer Stammkundschaft sofort auf, aber der Kenner wartet geduldig, bis er das neue Bier frisch gezapft bei uns genießen kann!"

Neben der Brauerei findet sich das Restaurant ‚Kral'. Hier ist Frau König die treibende Kraft in Küche und Restaurant. „Unsere Kunden lieben den Platz am Kamin und loben besonders unsere gemütliche Atomsphäre." In den modern gestalteten Gasträumen schauen die Gäste gerne dem Pizzabäcker zu. In einer Ecke steht für alle gut sichtbar der Steinofen. Hier werden neben knusprigen Pizzas auch Steaks über dem heißen Stein bis auf den Punkt gegart und eigene Brote gebacken.

„

Wenn ich am Kamin sitze, und dem Pizza-bäcker bei der Arbeit zusehen kann, dann fühle ich mich wohl und genieße die gemütliche Atmosphäre.

„

Die Handarbeit ist zu sehen und überzeugt den Gast bereits, während er auf das Essen wartet. „Einige Kunden nehmen unsere Brote mit nach Hause," kann Frau König begeistert berichten. Jeden Tag ist von 10–24 Uhr durchgehend geöffnet. Und das sogar das ganze Jahr hindurch. „Wir möchten für unsere Kunden da sein", erklärt Frau König freudig.

Alle Speisen kann man für Zuhause bestellen und mitnehmen. Jeder Woche wechselt ein Tagessen zum günstigen Preis, das kommt beim Kunden sehr gut an. „Wer mittags begeistert ist, kommt auch abends gerne vorbei. Das ist eine gute Gelegenheit, unsere Küche kennenzulernen."

HAUSBRAUEREI JÄGER BRÄU
JÜRGEN JÄGER
STAATSSTRASSE 18
67480 EDENKOBEN

T 0 63 23 - 937 64 1
JUERGEN@JÄGERBRÄU.DE
WWW.JÄGERBRÄU.DE

WEINGUT UND VINOTHEK OBERHOFER

DAS HAUS MIT HERZ, CHARAKTER UND ATMOSPHÄRE

„Wir lieben unsere schöne Vinothek",
schwärmt Familie Oberhofer. Der gemütliche
Genusstempel befindet sich am Ortsausgang von
Edesheim und ist seit 2006 ein geschätzter Treffpunkt
für Weinfreunde. Hier trifft man sich zu einem
vorzüglichen Glas Wein und lässt sich
feine Begleiter wie Flammkuchen,
Käse, Schinken und Salami schmecken.

Unsere Gäste schätzen die besondere Atmosphäre, den mediterran gestalteten Außenbereich und natürlich auch den Wein, der hier den ersten Platz einnimmt. Sieben Tage die Woche lassen sich fast alle Weine des Weinguts verkosten. Auch die Hochkaräter aus der Reserve-Riege befinden sich im Wechsel im Ausschank. Ein beliebtes Event ist immer das traditionelle Wintergrillen, das alljährlich kurz vor Weihnachten stattfindet.

Oberhofers großer Stolz ist der älteste Weinberg der Welt. Der unter Naturschutz stehende Weinberg im Rhodter Rosengarten befindet sich seit 50 Jahren im Familienbesitz und wurde vor ca. 400 Jahren überwiegend mit Gewürztraminer bepflanzt.

Heute trägt der Weinberg die Auszeichnung „Höhepunkt der Weinkultur". Der sehr aromatische Wein, der in 0,375-Liter-Flaschen angeboten wird, erhält zusätzlich eine angemessene Würdigung durch seine exklusive Verpackung: Verborgen hinter mehreren Schichten aufwendig gestalteter Kartonage offenbart sich die Flasche letztendlich stolz ruhend auf einem Eichensockel. 2018 wurde dies mit dem Red Dot Award und 2019 mit dem German Design Award prämiert. Ein ganz besonderer Wein für besondere Menschen und für besondere Momente... Seit 2018 bereichert Sohn Pascal mit neuen Ideen und anderen Denkweisen das Traditionsweingut. Nach der Ausbildung zum Winzer und Gesellenjahren in Fremdbetrieben, studierte er in Geisenheim Önologie und Weinbau. Der junge Bachelor of Science hat sich hohe Ziele gesetzt: „Wir wollen die besten Weine erzeugen." Dabei setzt er ganz auf ökologische Anbauweise und führt gleichzeitig den Kurs fort, den seine Eltern bereits früh eingeschlagen haben: „Hier arbeiten wir mit weniger Ertrag durch gezielte Reduktion und

"

Aktuell
experimentiere
ich mit
unterschiedlichen
Methoden im Weinberg
und im Keller.
Hier sind wir
auf einem
guten Weg.

"

"

Für unsere Rotweine
haben wir hier den
idealen Boden.
Alle werden in
Barriquefässern aus
französischer Eiche
ausgebaut.

"

versuchen, die Weine sehr trocken auszubauen. Ehrliche, trockene Weine mit gefühlt mehr Säure. Dadurch sind unsere Weine viel straffer, haben mehr Durchzug, mehr Rückhalt und sind einfach interessanter hinsichtlich Geschmack und Charakter. Das ist mir wichtig, dazu lassen wir unsere Weine länger auf der Hefe liegen, das gibt dem Wein mehr Spannung." Begeistert, mit viel Herzblut und Engagement beschreibt Pascal Oberhofer seine Weine: „Mit unserem Sauvignon Blanc haben wir hervorragende Erfahrungswerte gesammelt. Damit sind wir sehr erfolgreich unterwegs, sodass unsere Jahrgänge immer zeitig ausverkauft sind. In vielen Experimenten haben wir unseren Stil gefunden. Er ist sehr kühl und grün ausgebaut, und er kommt in der Note nach Holunderblüten, etwas Cassis und grünem Paprika. Sehr intensiv in der Nase löst er genau das ein, was er verspricht. Mit wenig Restzucker bringt er zum Schluss einen frischen Kick; hier ist viel Spaß inklusive. Gut kann man ihn als Solo-Wein genießen oder beispielsweise zur asiatischen Küche."

WEINGUT UND VINOTHEK OBERHOFER
FAMILIE OBERHOFER
STAATSSTRASSE 1
67483 EDESHEIM

T 0 63 23 - 944 91 1
INFO@WEINGUTOBERHOFER.DE
WWW.WEINGUTOBERHOFER.DE

"
Man darf sich
den Weltküchen nicht
verschließen.
"

SCHLOSS EDESHEIM

DIE ERFÜLLUNG EINES MÄRCHENSCHLOSSTRAUMS

Wenn man Hoteldirektor Andreas Lorenz nach
seinem Lieblingsplatz im Schloss fragt, antwortet er
auf Anhieb: „Mein Lieblingsplatz ist die
Schlossparkterrasse. An schönen Sommerabenden dort
zu sitzen, dazu einen Wein aus unserer Eigenlage
„Schloss Edesheim" zu genießen und dem Plätschern
der Brunnenwasser zu lauschen, das ist für
mich Entspannung."

Das geschichtsträchtige Anwesen fand als Herrenhaus im Kloster Weißenburg erstmals im Jahre 756 nach Christi Erwähnung. Im Jahre 2001 kaufte es die Familie Dr. Lohbeck. Seitdem zeichnet sich Andreas Lorenz mit seiner Gattin für die Geschicke von Schloss Edesheim verantwortlich. „Solch ein prächtiges Herrenhaus, eingebettet im Weinberg, das kommt nicht oft vor in der Pfalz. Es erinnert eher an ein französisches Château", berichtet er begeistert.

Das Herzstück des Schlosses ist ein kleines Gourmetrestaurant. Kreative Kochkunst vom Feinsten, zelebriert vom langjährigen Küchenchef Sebastian Köhn. „Man darf sich den Weltküchen nicht verschließen", sagt er und betont die asiatischen und orientalischen Einflüsse seiner Menüs, „die man wunderbar mit unseren regionalen Produkten kombinieren kann." So findet man die butterzart geschmorte Ochsenbacke mit köstlicher Sauce genauso auf der Karte, wie eine Dorade mit Auberginengemüse und Tomatenragout. Sebastian Köhn legt allerhöchsten Wert auf die sorgfältige Zubereitung der Speisen und überrascht seine Gäste immer wieder mit neuen Aromen. Auch die beliebte Kastanientarte und das Kastanieneis im Herbst, oder die eigens kreierten Pralinen erheben Essen zum Genuss. Hier entrückt der Gast dem Alltag und speist in einer Oase der Ruhe.

ZWEIERLEI VOM LAMM

400 g Lammlachse
2 Stück Lammhüfte
500 ml Rotwein
1 Knolle Knoblauch
2 Zwiebeln
1 Karotte
¼ Sellerieknolle
350 g Kartoffeln
10 Scheiben Speck
1 Ei
Salz, Pfeffer
100 g Toastbrot
1 TL Pfefferkörner
50 g weißer Sesam
50 g schwarzer Sesam
4 große Süßkartoffeln
2 EL Sojasauce
1 Spitzkohl
200 g Wurzelgemüse (Karotte,
Lauch und Sellerie)
Salz, Öl, Muskatnuss
1 EL Butter

Zwiebel schälen, Gemüse grob würfeln, Knoblauch in Zehen zerlegen. Lammhüfte mit Gemüse und Wein in einen ofenfesten Bräter geben und im Backofen bei 65 °C fünf Stunden schmoren lassen. Anschließend Das Fleisch herausnehmen, den Bratenfond abpassieren, noch etwas einkochen lassen und mit Salz und Pfeffer abschmecken. Lammhüfte vor dem Servieren im Brantenfond erwärmen.

Kartoffeln schälen und reiben. Mit Ei, Salz und Pfeffer mischen. Eine Terrinenform mit Speck auslegen und mit der Kartoffelmasse füllen. Bei 100 °C Dampf 45 Minuten im Ofen garen lassen.

Süßkartoffeln schälen, kochen und pürieren. Das Püree mit Sojasauce würzen.

Toastbrot in kleinen Stücken mit Pfeffer und Sesam im Mixer zerkleinern. Die Lammlachse darin wälzen, in Folie einwickeln und im 60 °C Wasserbad ca. 20 Minuten ziehen lassen.

Spitzkohl in feine Streifen schneiden. Wurzelgemüse schälen bzw. putzen und in kleine Würfel schneiden. Alles in Öl anbraten. Mit Salz, Muskatnuss und Butter abschmecken.

Wohlfühlen werden sich ganz sicher auch die Hotelgäste. Hochwertig, elegant und gemütlich eingerichtete Zimmer und Suiten versprechen vollkommene Behaglichkeit. Und damit wirklich kein Wunsch der Gäste offen bleibt, serviert das Schlossteam ein ausgesprochen feines Frühstücksbuffet mit verschiedensten Spezialitäten.

Hotel Schloss Edesheim genießt einen hohen Bekanntheitsgrad im Veranstaltungsbereich. Jeden Sommer finden die Schlossfestspiele statt. Im Winter erleben die Gäste im Wittelsbachkeller genussvolle Dinnershows. In der Reihe ‚Kellerzauber' locken kulturelle Leckerbissen mit bekannten regionalen Künstlern und edlen Menüs aus der Schlossküche. Feiern finden in romantischer Atmosphäre des Schlosses statt. Für Feste stehen prachtvolle Säle zur Verfügung. Bestens betreut kann man hier dem eigenen Fest entspannt und voller Freude entgegenblicken. Eigens für Hochzeitspaare wird eine Zusammenarbeit mit dem Standesamt Edenkoben angeboten, der Standesbeamte traut die Paare im Ballsaal. Und so schenkt man dem Schlossteam gerne Glauben, wenn es heißt: „Das Hotel Schloss Edesheim freut sich auf Sie und Ihre Gäste."

PRIVATHOTELS DR. LOHBECK GMBH UND CO. KG
HOTEL SCHLOSS EDESHEIM
DIREKTOR ANDREAS LORENZ
LUITPOLDSTRAßE 9 · 67483 EDESHEIM

T 0 63 23 - 942 40
INFO@SCHLOSS-EDESHEIM.DE · WWW.SCHLOSS-EDESHEIM.DE

WEINGUT UND DESTILLERIE JÜRGEN HEUẞLER

FAMILIENBETRIEB MIT KOPF, HERZ UND HAND

„Was uns und unseren Betrieb stark macht,
ist der Zusammenhalt und die Leidenschaft,
gemeinsam Projekte anzugehen
und neue Visionen zu verwirklichen."

Weine, Sekte und Destillate sind das Portfolio der Heußlers. In Rhodt leben sie ihre Tradition stets mit dem Blick nach vorne, offen für Neues. „Der Heußler- Gin hat den Nerv der Zeit getroffen, und in der Pfalz als einer der ersten Maßstäbe gesetzt, die Gin-Fans begeistern", sagt Jürgen Heußler „Wir sind Gin-Liebhaber, und wir haben lange darüber philosophiert, was für uns einen guten Gin ausmacht: Es sollte ein Dry-Gin sein. Stilistisch und aromatisch wacholdergeprägt. Pur überzeugend mit besonderer fruchtiger Frische", berichtet Nina Heußler, die nach dem Studium in Geisenheim einige Zeit im Weinmarketing in Berlin tätig war. Vater Jürgen Heußler hatte sich an einem kalten Frühjahrs-tag in 2013 gesagt: „Warum in die Kälte raus? Brennen wäre wirklich besser!" Und so wurden kurzer-hand die nötigen Botanicals besorgt und der erste Heußler-Gin destilliert.

„Wir haben viel experimentiert und immer wieder zusammen die Ergebnisse probiert und diskutiert", fügt Nina Heußler hinzu, und ihr Herz geht auf, wenn sie berichtet: „Schließlich war unser erster Gin gleich zu Beginn eine goldene Punktlandung bei der Prämierung." Es folgten die Auszeichnungen ‚SIEGERBRAND 2017' der LWK und Gold beim Craft Spirit Festival Berlin. „Wenn wir das Feedback bekommen: 'Das ist der beste Gin, den wir jemals getrunken haben', dann sind wir stolz und glücklich!"

Bereits Opa Heußler setzte erfolgreich auf den Verkauf von Flaschenweinen und etablierte die Kunst feinster Edelbrände, insbesondere aus heimischen Früchten und Trauben. Regina und Jürgen Heußler übernahmen und drehten weiter an der Qualitätsschraube. Naturnaher Weinbau, trockene Weißweine und Barrique-Ausbau waren damals die ‚neuen‘ Themen. Die Destillerie wurde durch Besonderheiten ergänzt und die Qualität verfeinert. Heute ist mit den Töchtern Nina und Maike die nächste Generation an Bord — neue Visionen und Ideen garantiert.

Wenn Nina Heußler die Besonderheiten des Weinguts beschreibt, erklärt sie: „Wir sind nur so groß, dass wir die Reben ‚live‘ begleiten und zusammen mit der Natur auf unser Qualitätsziel hinarbeiten können. Besucher können die Welt der Weine und Destillate bei uns erleben! Sie bekommen Einblick in unsere Arbeit im Weingut oder beim Spaziergang durch unsere Lagen Schlossberg, Rosengarten und Klosterpfad.

"

Hier kann man Wein
erleben, man steht
mittendrin, zwischen
Fässern und Tanks,
am Ort des Geschehens,
das ist authentisch und
es beeindruckt!"

"

Die Gäste des Weinguts lieben die Offenheit und Transparenz und den typisch pfälzischen, familiären Umgang – das garantiert treue und zufriedene Kunden. Für Rotweinfans haben die Heußlers den Blaufränkisch (Lemberger) aus Österreich in die Pfalz gebracht. Aus der heimischen Muskatellertraube entsteht im Champagnerverfahren ein erstklassiger Winzersekt und im hervorragenden Jahr 2018 erstmalig ein hefetrüber PET NAT-Schaumwein. Mit ihren ALLA HOPP-Weinen garantieren Maike und Nina Pfälzer Spaß im Glas. Auch in Sachen Gin gehen ihnen die Ideen nicht aus! Neben dem klassischen Dry Gin gibt es auch den holzfassgereiften OLD TOM-New School und einen Gin-Likör.

WEINGUT UND DESTILLERIE JÜRGEN HEUßLER
FAMILIE HEUßLER
WEYHERER STR. 35
76835 RHODT

T 0 63 23 · 550 6
INFO@WEINGUT-HEUSSLER.DE
WWW.WEINGUT-HEUSSLER.DE

" Wer hier
einmal war, kehrt
bald zurück
und bringt seine
Freunde mit. "

LANDRESTAURANT BURRWEILER MÜHLE

TRADITION AUF ZEITGEMÄSSEM NIVEAU IN TRAUMHAFTER LAGE

Seit 1686 steht die Burrweiler Mühle am südlichen Haardtrand, nördlich von Burrweiler in idyllischer Landschaft. Was über Generationen als Mühle mit kleiner Landwirtschaft diente, ging in den 90er-Jahren in die Hände von Michaela und Christian Wiss über.

Nun blickt man bereits auf die zehnte Generation zurück und fühlt sich der langen Tradition verpflichtet. Neben der Mühle betrieb der Vater damals auch ein kleines Sägewerk, bis er schließlich auf Weinbau umsattelte. Zu dieser Zeit entstand eine kleine Weinstube, die die Grundlage für den heutigen Restaurationsbetrieb bildete. „Wir bieten immer noch die traditionellen Pfälzer Gerichte, sind aber in der Zeit nicht stehen geblieben", erklärt Michaela Wiss. Ein Blick auf die Speisekarte macht deutlich, was das heißt: traditionelle Rezepte in modernen Kombinationen mit feinen Raffinessen. So wurde die Burrweiler Mühle zu Recht zur „Weinstube der Pfalz" gekürt. Regionale Erzeuger und die Auswahl der besten Produkte garantieren eine gute und bodenständige Küche und damit auch die Zufriedenheit der Gäste. „Wir haben viele Besucher, die uns über Jahre treu geblieben sind. Noch heute kommen Gäste, die damals noch auf dem Heuboden übernachtet haben", weiß Christian Wiss zu berichten und fügt überzeugt hinzu: „Unser Metzger ist erneut ausgezeichnet worden. So können wir stolz den wohl besten Saumagen der Pfalz auf den Teller bringen." Was mit der kleinen Weinstube begann, ist heute ein großzügiges, modernes Restaurant mit einmaligem Ambiente. Der ehemalige Heuboden wurde komplett restauriert und als urgemütlicher Gastraum ausgebaut.

BLUTWURST-LASAGNE

800 g Pfälzer Blutwurst
4 mittelgroße Zwiebeln
ca. 50 ml Bukettreicher Weißwein,
z.B. Morio Muskat
2 EL Sonnenblumenöl
etwas Majoran
4 Deliciusäpfel
Lasagneblätter
800 g Sauerkraut
gehackte Petersilie

Für die Füllung die Blutwurst pellen und in ca. 1 cm dicke Scheiben schneiden. Die Zwiebeln schälen und in kleine Würfel hacken. Öl in eine Pfanne geben und erhitzen. Die Zwiebeln darin leicht anbräunen. Nach und nach die Blutwurst unterrühren, bis eine harmonische Masse entstanden ist. Weißwein und Majoran einrühren und mit Pfeffer und Salz abschmecken. Äpfel schälen, entkernen und in etwa 0,5 cm dicken Scheiben schneiden.

Ofen auf 180 °C vorheizen. Die Lasagneblätter in siedendem Wasser garen und in einer feuerfesten, mit Öl ausgestrichenen Auflaufform abwechselnd mit der Blutwurstmasse und den rohen Apfelscheiben schichten. Je nach Auflaufform ergeben sich zwei oder drei Schichten. Die oberste Schicht mit Lasagneblättern abschließen.

Die Lasagne im Backofen bei 180 °C ca. 20-25 Minuten ausbacken, bis die oberen Teigblätter, goldbraun sind. Sauerkraut erwärmen.

Die heiße Lasagne mit einen scharfen Messer in der Auflaufform portionieren und auf frischem Sauerkraut anrichten. Mit etwas Petersilie garnieren. Je nach Wunsch eine leichte Weißwein-Bechamelsauce dazugeben.

„Wir haben über die Jahre mit großem Engagement, Leidenschaft und Herzblut die alte Mühle Schritt für Schritt umgebaut. Jedes Detail wurde ganz nach unserem Geschmack gestaltet", berichtet Michaela Wiss, die von ihren Reisen immer wieder viele Inspirationen und Ideen mit nach Burrweiler bringt. So ist im Außenbereich eine traumhaft schöne, romantische Gartenanlage entstanden. Schon im geschmackvoll dekorierten Innenhof lässt es sich an späten Sommerabenden gut sitzen. Hinter einem schmalen Tor gelangt man in einen verwunschenen Bauerngarten. Hinter diesem öffnet sich ein weitläufiger Außenbereich. Über eine kleine Holzbrücke gelangt man auf eine Insel, die von Wasser umgeben ist. Überall finden sich kleine Tische, an denen die Gäste Platz nehmen können. Wer direkt über dem Wasser sitzen möchte, dem bietet ein breiter umzäunter Steg das gewisse Seefeeling. In solcher Umgebung lässt sich gut entspannen, und so schmeckt das Essen gleich zweimal so gut. „Unser Kastanien-Saumagen ist ein großer Renner. Im Sommer ist unsere Karte leichter und mediterraner geprägt. Im Herbst nehmen wir Kürbis und Feigen dazu, und für den Winter ist unsere Gans das Highlight. Immer mittwochs gibt's frische Forelle aus der Region," kann Christian Wiss aus der Küche berichten. Die große Auswahl an Weinen stammt ausschließlich von Winzern aus den umliegenden Dörfern. Die Lagen sind vom Restaurant aus zu sehen. Wer hier einmal war, kehrt bald zurück und bringt seine Freunde mit.

LANDRESTAURANT BURRWEILER MÜHLE
BURRWEILER MÜHLE 202 · 76835 BURRWEILER

T 0 63 23 - 980 75 1
RESTAURANT@BURRWEILERMUEHLE.DE · WWW.BURRWEILERMUEHLE.DE

DAS TEAM KOCHT

DATTELN IM SPECKMANTEL

ZUTATEN FÜR 4 PERSONEN

20 getrocknete Datteln, entsteint
20 Mandelkerne, geschält
10 Scheiben Bacon
20 Holzstäbchen

Schälen Sie die Mandelkerne, indem Sie sie in kochendem Wasser kurz blanchieren. Im kalten Wasser abschrecken. Nun mit den Fingern die Haut von den Kernen trennen. Die Datteln mit je einem Mandelkern füllen. Den Bacon halbieren und damit die gefüllten Datteln umwickeln. Mit einem Holzstäbchen feststecken. In einer Pfanne Olivenöl erhitzen und die Speckdatteln rundherum kross anbraten.

PASTELA MORUNA –
ANDALUSISCHE BLÄTTERTEIGPASTETE

ZUTATEN FÜR 4–6 PERSONEN

2 TL gemahlener Piment   1 TL scharfes Paprikapulver
1 Bund Suppengrün   2-3 Zweige Thymian   500 g Hähnchenbrustfilet
2 Zwiebeln   2 EL Olivenöl   je 30 g getrocknete Feigen und Datteln
2 TL Zucker   1 Dose gehackte Tomaten   2 EL Pinienkerne
140 g geröstete Mandeln   ½ scharfe rote Peperoni   20-30 ml Rotwein   Zimt
und Koriander nach Geschmack   2 Rollen Blätterteig aus dem Kühlregal   1 Bund
Blattpetersilie   1 Eigelb   Salz und Pfeffer

Suppengrün putzen und klein schneiden. Zusammen mit Piment, Paprikapulver und Thymian in einen Topf mit ½ Liter Salzwasser geben und aufkochen lassen. Das Hähnchenbrustfilet in der Brühe 15 Minuten köcheln lassen. Filet herausnehmen, die Brühe zur Seite stellen.

Die Zwiebeln schälen und fein hacken. Feigen, Datteln und Peperoni klein schneiden, Mandeln hacken. Hähnchenbrustfilet in kleine Stücke schneiden. Zwiebeln in Olivenöl leicht anbraten, den Zucker dazugeben und mit dem Kochlöffel gut verrühren, Tomaten dazugeben. Pinienkerne, Mandeln, Peperoni und das Hähnchenfleisch mit dem Tomatenragout vermengen. Etwa 50 ml der Brühe und den Rotwein zufügen. Mit

Salz, Zimt und Koriander und Pfeffer abschmecken, zum Schluss die Petersilie hacken und unterrühren.

Den Backofen auf 175 °C vorheizen. Eine Tarteform mit Blätterteig auskleiden, die Tomatenmasse einfüllen und mit einem Blätterteigdeckel verschließen. Diesen mittig über Kreuz einschneiden, damit der Dampf entweichen kann. Den Teigdeckel mit Eigelb bestreichen, und die Pastete bei 175 °C etwa 45 Minuten backen.

Zur Pastete schmeckt ein Salat von Roter Bete und Fenchel mit dicken Orangenscheiben und einem Granatapfeldressing.

Superschnelles HIMBEEREIS

ZUTATEN FÜR ETWA 700 ML EIS

500 g Himbeeren (TK)
200 ml Sahne
4 EL Puderzucker

Die tiefgefrorenen Himbeeren mit der Sahne übergießen und den Puderzucker dazugeben. 10 Minuten bei Zimmertemperatur antauen lassen. Mit dem Pürierstab zu einer glatten Masse rühren. Sofort servieren.

Essen ist für mich
eine Feier mit
Freunden. Wir lieben
es, die Mahlzeiten
zu zelebrieren.
Hier kann man sich
zuhause fühlen.
"

KOZA

THE TASTE OF MODERN ASIA

KOZA setzt sich zusammen aus zwei
japanischen Wörtern und bedeutet „Großer Platz".
Inhaber, Gründer und Visionär Van Son Pham
erklärt, wie er seine Philosophie einer
Crossover Cuisine in der Pfalz verwirklicht.

In Berlin aufgewachsen, erlebte er im Restaurant seiner Eltern die Welt der Gastronomie:„Schon als Jugendlicher war der Traum vom eigenen Restaurant immer da." Nach einem Studium in Trier und Bonn kehrte er nach Berlin zurück und entdeckete in den Restaurants seiner Freunde die Leidenschaft für Sushi. „Ich fing an, meine ersten Zutaten zu rollen und identifizierte mich mit dieser Art zu kochen durch und durch. Das sollte mein Leben werden", erklärt er voller Begeisterung. „KOZA ist ein Konzept. Hier bringe ich all meine kulinarischen Erfahrungen zusammen. Wie ein großes Gefäß, dass sämtliche meiner Einflüsse sammelt, und zu einem ganzheitlichen Konzept bündelt. Die Basis besteht aus meinen vietnamesischen Wurzeln. Darauf baue ich auf, und füge neue Ideen und Inspirationen hinzu, die mich begeistern."

Hierzu zählen Erlebnisse und Erfahrungen, die Van Son Pham, der seine Kunst als Fusions-Küche bezeichnet, auf der ganzen Welt sammelt. Es sind vor allem die Saucen, Aufstriche und Beigaben, die ihn faszinieren. „Wenn mich etwas begeistert, versuche ich, dies in meine Küche zu intergrieren und neu zu kombinieren." Food-Events und Besuche in unterschiedlichsten Restaurants tragen dazu bei, dass die Karte im KOZA permanent jung bleibt, und neue Ideen hinzukommen. So entstehen Kreationen in erweiterten Geschmacks-Dimensionen, die das KOZA vom Standard des bekannten Sushi zum Highlight werden lassen. Wer hier zu Gast ist, den erwartet nicht nur ein Genuss für den Gaumen. Hier zaubern die geschickten Hände vor den Augen der Besucher reinste Kunstwerke, die oft in aufwendiger Zeremonie am Tisch zelebriert werden.

„Ich bin in
einem Melting Pot
aufgewachsen
und habe die
unterschiedlichsten
Kulturen kennengelernt.
Dadurch inspiriert,
habe ich eine neue
Perspektive geschaffen,
die sich in unseren
Restaurants
kulinarisch auslebt!
"

„Essen ist für mich eine Feier mit Freunden. Wir lieben es, die Mahlzeiten zu zelebrieren. Hier kann man sich zuhause fühlen. Dort, wo ich meine Freunde finde, ist auch meine Liebe und Leidenschaft. Unser Team besteht hauptsächlich aus Freunden und Familie. Wir sind eng verbunden und teilen alle die gleiche Vision." So beschreibt Van Son Pham die Atmosphäre seiner Restaurants.

„Wie durch eine Fügung bekamen wir die Möglichkeit, zuerst in Hassloch, und auch kurze Zeit später in Landau ein Sushi-Restaurants zu eröffnen. Wir waren damit Vorreiter in der Pfalz, und setzen mit unserem Konzept Maßstäbe für eine moderne interkulturelle Esskultur, die aus der Masse hervorsticht."

Dabei ist KOZA mehr als ein Restaurant. Es ist ein Erlebnis. Dazu zählt das besondere Design des Raumes, die Dynamik eines jungen und kreativen Teams und die Art der Gemeinschaft, wenn man zusammen feiern kann. „Ich bin in einem Melting Pot aufgewachsen und habe die unterschiedlichsten Kulturen kennengelernt. Dadurch inspiriert, habe ich eine neue Perspektive geschaffen, die sich in unseren Restaurants kulinarisch auslebt! Für mich ist die Gemeinschaft am Tisch wie ein Zuhause, das möchten wir mit KOZA leben. Das ist meine Philosophie."

KOZA RESTAURANT
VAN SON PHAM
OSTBAHNSTRAßE 27 · 76829 LANDAU

T 0 63 41 · 266 67 39
KOZALANDAUPFALZ@GMAIL.COM · WWW.KOZA-RESTAURANT.DE

GÖCKLINGER HAUSBRÄU

BEIM BRAUER UND MÄLZER

„Wir bieten unseren Gästen
alles Gute, was die Natur der Pfalz hergibt."
Mit dieser Intension sorgt die Brauer-
und Mälzerfamilie Weißgerber vom Göcklinger Hausbräu
seit 2004 mit ihren handwerklich gebrauten Spitzen-
bieren für das Glück der Pfälzer Bierfreunde.

Weißgerbers, das sind: Reiner Weißgerber mit Frau Maria und die Kinder Katrin, Lukas und Dorothe. Lukas ist wie der Vater Brauer und Mälzer, Dorothe hat eine Ausbildung zur Hotelkauffrau und Assistentin für Hotelmanagement absolviert. Beide sind in den Betrieb eingestiegen.

Im Göcklinger Hausbräu brauen Vater Reiner und Sohn Lukas für Bierliebhaber nach dem deutschen Reinheitsgebot von 1516 erstklassiges und facettenreiches Bier. Das Angebot reicht von Göcklinger Hell über Göcklinger Dunkel bis zu Göcklinger Weizenbier.

Dazu kommen unterschiedliche Saisonbiere. Reiner Weißgerber erzählt: „Das Jahr beginnt mit unserem fruchtigen Märzenbier. Auf dieses folgt das traditionelle Maibock. Das ist ein Starkbier, das drei bis vier Monate gelagert wird. Der Ausdruck „flüssiges" Brot entstammt der Fastenzeit, weil das Bockbier früher über Wochen die Menschen ernährt hat. Mit dem Maibockanstich feiern wir jährlich, am 23. April, den Tag des Bieres. Gleichzeitig wird die Biergartensaison mit einem großen Fest eröffnet. Im Sommer bieten wir dann helles und dunkles Weizenbier. Ab dem Spätjahr ist unser Festbier verfügbar. Und ab November und Dezember schenken wir wieder unser Starkbier, das Bockbier und schließlich das Doppelbock aus."

„

Man lernt
immer noch dazu!

"

Spannend finden Vater und Sohn Weißgerber das Spiel mit den vielfältigen Rohstoffen: „ Hier lernt man lernt nie aus!"

Reiner Weißgerber entstammt einer Gastronomiefamilie, und so freut man sich „über jeden Gast, der reinkommt." Das spüren die Gäste, die es sich gerne in der Bierstube gemütlich machen oder es sich im schönen Biergarten gut gehen lassen. Entspannen, köstliches Bier trinken und regionale Spezialitäten sowie saisonal wechselnde Speisen genießen, heißt hier die Devise. Am Freitag- und Samstagabend können sich die Gäste zudem an frisch gegrillten Hähnchen und Schweinshaxen erfreuen. Und dafür, dass der Durst gestillt werden kann, ist natürlich auch gesorgt. Neben den originellen 1-Liter-Maurerflaschen werden auch Bierfässer in verschiedenen Größen für Zuhause angeboten.

Das Göcklinger Hausbräu wird übrigens auch in renommierten Pfälzer Gastronomiebetrieben ausgeschenkt.

Eine Empfehlung ist das niveauvolle Veranstaltungsprogramm, das das Herz eines Gourmets vor Vorfreude lachen lässt. Es wird regelmäßig auf der Homepage veröffentlicht.

"

Wir bieten
unseren Gästen
alles Gute,
was die Natur der
Pfalz hergibt.

"

GÖCKLINGER HAUSBRÄU GMBH
FAMILIE WEIßGERBER
MÜNSTERWEG 2
76831 GÖCKLINGEN

T 0 63 49 · 533 5
WWW.GOECKLINGERHAUSBRAEU.DE
INFO@GOECKLINGERHAUSBRAEU.DE

GASTSTÄTTE MÜHLENGRUND

KLASSISCH – TRADITIONELL – MEDITERRAN

Für den Mühlengrund war es ein Jubiläumsjahr.
Seit 1968 bewirtet man hier die Gäste mit leckeren
Speisen und einem rundum freundlichen Service.

Mit Stolz auf das Erreichte konnte der Besitzer des Hauses, Josef Feldmann mit Gattin Rosemarie, zahlreiche Gäste zur Jubiläumsfeier im September 2018 begrüßen und zugleich das erfahrene Wirtspaar, Nikos und Jasna Loutsas, als neue Pächter vorstellen. Das neue Refugium von Nikos und Jasna Loutsas befindet sich gut zehn Gehminuten außerhalb der Ortschaft Heuchelheim-Klingen im idyllischen Kaiserbachtal und ist für seine ruhige Lage bekannt. „Unsere Küche", sagt der gebürtige Grieche Nikos Loutsas, „ist deutsch – und ein Hauch mediterran. Wenn griechisch gekocht wird, dann richtig gut, so wie in einer griechischen Taverne meiner Heimat."

Küchenchef Jochen Kindelberger, der seine Ausbildung im bekannten Hotel Restaurant Rebmann in Leinsweiler absolvierte, ist der Mann, der mit der Zubereitung einer schmackhaften, klassischen deutschen Küche vertraut ist. Pfälzer Hausmannskost, wie Leberknödel, Bratwürste und den beliebten Saumagen, stellt er nach original überlieferten Rezepturen selbst her. Aber Jochen Kindelberger ist auch experimentierfreudig. Auf einem „Extrablatt", das sich saisonal orientiert, werden besondere Köstlichkeiten angeboten. Da locken feine Spargelgerichte ebenso wie der Kabeljau auf Hummerschaum. Aromatische Steinpilze wetteifern mit deftigen Kürbisgerichten. In der Vorweihnachtszeit machen krosse, würzige Gerichte von der Gans Appetit auf einen Besuch im Mühlengrund. „Die Gäste schätzen unsere ehrliche Küche, und uns ist es wiederum ein großes Anliegen, dass sie unbeschwert genießen können", erzählt Nikos Loutsas weiter.

"

Die Gäste schätzen
unsere ehrliche Küche,
und uns ist es wiederum
ein großes Anliegen,
dass sie unbeschwert
genießen können.

"

"

Unseren Gästen
die Wünsche von den
Augen abzulesen, das
ist uns wichtig.

"

Auf individuelle Wünsche wird im Mühlengrund großen Wert gelegt. „Wir bereiten unsere Saucen glutenfrei und ohne Geschmacksverstärker zu. Frische Produkte, das ist Standard in unserem Haus. Viele unserer Gäste kommen wegen unserer hervorragenden Rumpsteaks." Ein besonderer Tipp ist die Rinderleber „Berliner Art" mit gebratenen Zwiebeln und Apfelscheiben.

Für Feste aller Art steht im Mühlengrund ein heller Gastraum mit etwa 100 Plätzen zur Verfügung. Auch bei Hochzeitspaaren hat sich das natürlich herumgesprochen. Das Team um Nikos Loutsas berät seine verliebten Gäste ganz individuell. Sie können zwischen feinen, am Tisch servierten Menüs oder einem gut abgestimmten Buffet in aller Ruhe wählen.

Der Mühlengrund bietet sich auch in den Sommermonaten als Ausflugstipp an. Familien essen und trinken entspannt auf der Terrasse und sehen glücklichen Kindern zu, die sich auf dem Spielplatz austoben und Tiere streicheln dürfen.

GASTSTÄTTE MÜHLENGRUND
NIKOS LOUTSAS
UNTERMÜHLE 1
76831 HEUCHELHEIM-KLINGEN

T 0 63 49 · 817 4
INFO@MUEHLENGRUND-PFALZ.DE
WWW.MUEHLENGRUND-PFALZ.DE

ZUM LAM

URSPRÜNGLICHES BEWAHREN UND
INDIVIDUALITÄT ERHALTEN

Schon beim Durchwandern der Winzergasse,
einer der malerischsten Straßen der Pfalz, bleibt
die Zeit stehen. Hier weiß man, wie man Neues
schafft und gleichzeitig das Gute aus ursprünglichen
Zeiten festhalten kann!

Dieses Credo leitete auch Sven-Erik Ball, der den traditionsreichen Gasthof zum Lam durch komplette Umbauarbeiten zu einem kulinarischen Geheimtipp machte. Vor dieser Zeit war er Patron des heutigen Muskatellerhofes, den er als Weinlokal zur Winzergasse mit Erfolg führte. Bereits mit diesem Konzept war Sven-Erik Ball Wegbereiter und Vorreiter vieler Weinstuben, die seinen Visionen folgten. Hier stand er fast zwei Jahrzehnte selbst am Herd und begeisterte seine Gäste mit Leckereien aus der Pfalz. Dabei verlor er nie die Bodenhaftung und blieb seinem Prinzip treu: „Gehoben, aber nicht abgehoben."

Doch dann war die Zeit reif für ein Restaurant, wie wir es heute vorfinden. Bodenständige und ehrliche Küche, in der man die Pfälzer Wurzeln schmecken kann, die aber auch für den anspruchsvollen Gast keine Wünsche offen lässt. Hier können sich die Gäste wohlfühlen und genießen den Charme einer gemütlichen, familiären Atmosphäre.

„Wir schätzen es, wenn der Gast von dem, was ihn hier erwartet, positiv überrascht wird", berichtet Sven-Erik Ball, der sich seit über 40 Jahren mit Leidenschaft der Gastfreundschaft widmet. Mit Magnus Zimmerman hat das Lam einen jungen Küchenchef gefunden, der mit Können, Erfahrung und Begeisterung die Philosophie von Ball mit trägt. Wer die wunderschöne Gegend an der südlichen Weinstraße länger genießen will, kann in einem der 13 Zimmer des Hotels übernachten und es sich richtig gut gehen lassen. Die Zimmer bieten rustikalen Landhausstill mit hohem Komfort, der es an nichts fehlen lässt.

Gleich nebenan hat Sven-Erik Ball eine ganz neue Vision umgesetzt: Im ehemaligen Geburtshaus des Großvaters, einem alten Fachwerkhaus aus dem Jahre 1706, ist ein Gästehaus der Extraklasse entstanden, das den Namen Haus Weinselig trägt. In den hochwertig und individuell eingerichteten Zimmern erwartet den Gast eine einzigartige Einrichtung mit besonderem Flair. Neun auffallend großzügige Zimmer, davon sogar drei mit eigener Sauna, lassen keine Wünsche mehr offen. Ein befreundeter Schreiner fertigte jedes Zimmer ganz individuell genau nach den Wünschen von Sven-Erik Ball. Dabei gibt ursprüngliches Holz den Räumen einen spezifischen Charakter, der edle Natürlichkeit empfinden lässt. An vielen Stellen gibt die Architektur den Blick auf das Ursprüngliche frei und zeigt altes Mauerwerk sowie sandsteinerne Bögen, die handwerklich geschickt mit dem modernen Ambiente verwoben sind. Verbindende und wiederkehrende Elemente wie der Weinstock lassen klar erkennen, dass wir hier auf dem Boden eines der bekanntesten Weingebiete stehen.

Ein besonderes Highlight ist der Biergarten, der sich weitläufig zwischen den historischen Gebäudeteilen hindurchzieht. Am Ende findet sich ein Bauerngarten mit Liegestühlen, die für ruhige Momente einladen.

LAMMHÜFTE

4 Lammhüften
2 Zwiebeln
1 Knoblauchzehe
1 Zucchini
1 rote Paprika
1 gelbe Paprika
1 Aubergine
1 Tomate
1/2 Zitrone
1 kg Drilling-Kartoffeln
Olivenöl
jeweils einige Zweige Rosmarin,
Thymian, Majoran, Salbei
schwarzer Pfeffer, Meersalz

Vakuumierer, Vakuumbeutel
Sous Vide-Garer

Die Lammhüften abwaschen, parieren, mit Salz und Pfeffer würzen und mit einem Zweig Rosmarin und einem Schuss Olivenöl vakuumieren. In das auf 56 °C vorgeheizte Sous vide-Wasser legen und 1,5 Stunden garen. Aus dem Sous vide-Wasser nehmen, auspacken und in Olivenöl anbraten.

Eine Zwiebel schälen, in feine Würfel schneiden, in eine Sauteuse geben und mit Olivenöl leicht bedecken. Bei mittlerer Flamme glasig ziehen. Mit Salz und Pfeffer würzen, Kräuter fein hacken, jeweils 1 EL hinzugeben und sofort von der Flamme ziehen.

Zucchini, Paprika, Aubergine und Tomate waschen und klein schneiden. Eine Zwiebel und die Knoblauchzehe schälen, sehr fein hacken und in Olivenöl anschwitzen. Gemüse zugeben und braten. Mit Salz und Pfeffer würzen und etwas fein gehackten Thymian und Rosmarin hinzufügen. Von der Flamme ziehen und einen Spritzer Zitronensaft zugeben.

Kartoffeln kochen, halbieren, mit gehacktem Rosmarin in Olivenöl braten und zum Abschluss salzen.

Ratatouille in die Mitte des Tellers geben, Lammhüfte in Scheiben tranchieren und auflegen. Kartoffeln drapieren. Zwiebelschmelze über das Lamm geben.

"

Wir möchten als Geheimtipp in der Region stehen, und schätzen es sehr, wenn der Gast von dem, was ihn hier erwartet, positiv überrascht wird!

"

„Wir freuen uns sehr, wenn unsere Gäste begeistert und zufrieden sind. Und viele berichten uns, dass sie endlich mal in Ruhe schlafen konnten", weiß Yasmin Sarikaya zu erzählen, die sich als rechte Hand des Chefs um die Wünsche der Gäste kümmert. In den Räumen der Rezeption hat sie einen kleinen Laden eingerichtet, der viele hochwertige Accessoires und Weine aus eigenem Anbau anbietet. Sven-Erik Ball ist Perfektionist und stets auf der Suche nach der besten Qualität. So darf er besonders stolz darauf sein, für sein Restaurant eine Lizenz vom Premiumanbieter für beste Steaks „Block House Steak" erhalten zu haben. Folglich ist es für Steak-Liebhaber schon fast ein Muss, im Lam einen Tisch zu reservieren, um Premiumfleisch zu genießen. Die angebotenen Weine sind überwiegend aus eigenen Lagen. Die Region um Gleiszellen ist nicht nur für den besten Muskateller bekannt, sondern bringt auch Riesling, Sauvignon Blanc oder Spätburgunder als Weine der Extraklasse hervor. Und diese begeistern, ebenso wie das Lam, weit über die Region hinaus, und haben ihre treuen Liebhaber gefunden.

GASTHOF & HOTEL ZUM LAM
SVEN-ERIK BALL
WINZERGASSE 37 · 76889 GLEISZELLEN

T 0 63 43 · 939 21 2
INFO@ZUM-LAM.DE · WWW.ZUM-LAM.DE

CAFÉ ROSINCHEN

LIEBE AUF DEN ERSTEN BLICK

„Als wir das Café das erste mal gesehen haben,
war es wie Liebe auf den ersten Blick!"

„Wir träumten schon lange davon, unsere Firma zu verkaufen und dann ein kleines Bistro oder Café zu eröffnen. Allerdings sollte es etwas ganz Besonderes sein, mit einem schönen Ambiente", erzählt Bernd Weidenmaier. „Als wir dann im Netz auf dieses Café gestoßen sind, war sehr schnell klar, das ist es, das passt! Dieses wunderbare kleine Café mit seinem besonderen, ursprünglichen Einrichtungsstil übertraf unsere ersten Erwartungen", schildert Bernd Weidenmaier den Beginn eines neuen Lebensabschnitts. Nach 20 Jahren Firmenleitung hatte sich das Ehepaar nach dieser Veränderung gesehnt.

Das Café Rosinchen liegt sehr zentral in Ortsmitte, direkt an der Weinstraße, und ist für die Reisenden, die in der Südpfalz unterwegs sind, kaum zu übersehen. Das historische kleine Fachwerkhaus wirkt fast wie ein Lebkuchenhaus zur Weihnachtszeit. Die aufwendig verarbeiteten schmiedeeisernen Türgitter lassen von außen bereits erahnen, dass hier ein Schatz zu entdecken ist. Ein erster Blickfang im Gastraum ist der alte Tresen mit großem Buffetschrank und der Kuchenvitrine, die an ‚Omas gute alte Zeiten' erinnert. Ein wenig fühlt man sich wie in einem ‚Tante-Emma-Laden', in dem man noch Qualität aus erster Hand kaufen konnte.

Dass dies allerdings hier Realität ist, beweisen Beate und Bernd Weidenmaier täglich. „Viele Rezepte haben wir sogar von der Gründerin des Cafés übernommen. Und wir backen sie so, wie vor 20 Jahren. Unsere Stammgäste schätzen das. Wir haben Gäste, die von weit her anreisen, nur um hier eine bestimmte Torte zu genießen. Unsere Gäste kommen aus dem Heidelberger-, oder Mannheimer Raum, seit einiger Zeit auch aus Mainz oder Worms. Und natürlich zählen auch die vielen Urlauber dieser Region dazu. Für einige stehen wir deshalb jährlich auf dem Pflichtprogramm ihrer Reise durch die Südpfalz."

Ursprünglich war von der ehemaligen Besitzerin ein Backbuch geplant, dazu ist es aber leider nie gekommen. Heute freuen sich die neuen Inhaber darüber, dass sie die Schätze der Backkunst trotzdem übernehmen durften, denn diese Perlen gehören zum Haus wie das wunderschöne Ambiente.

Einer der Highlights ist die Flockensahne, eine Torte mit Biskuitboden, Sahnefüllung mit Johannesbeeren und Baiser-Haube. Auch die Eierlikörtorte, der Käsekuchen mit Kokos, die Himbeer-Quark-Sahne und verschiedene Obstkuchen gehören zum Standard-Sortiment im Café Rosinchen. „Das sind Torten, die wird man wahrscheinlich in den anderen Cafés kaum finden, denn es sind unsere ganz eigenen Kreationen. Im Winter erwartet unsere Gäste ein Mohnkuchen, der bereits viele Verehrer hat.

Was man von außen nicht vermutet, entdeckt der Besucher erst, wenn man sich mitten im Café befindet. Am Ende der Tischreihe geht es durch eine Tür in den romantischen Innenhof. Durch ein hohes Glasdach geschützt, sitzt man wie im Freien. An den Wänden ranken Rosen und von einer Empore wachsen Hängepflanzen in den Raum. Auch hier finden sich stark verschnörkelte, schwarze Eisengitter, die einem das Gefühl geben, als befände man sich im kleinen Rosengarten eines verwunschenen Schlosses. Im ersten Obergeschoss stehen neugestaltete Räume für kleine Feierlichkeiten bis ca. 20 Personen zur Verfügung.

FLOCKENSAHNE – SPEZIALITÄT DES HAUSES

```
6 Eier
150-170 g Zucker
(Menge in der Sahne nach Geschmack)
2 Pck. Vanillezucker
80 g Mehl
120 g Stärke
800 ml Sahne
2 TL gemahlene Gelatine
400 g gefrorene Johannisbeeren
Puderzucker zum Bestreuen
```

Vier Eier trennen. Die Eigelbe und die zwei übrigen ganzen Eier schaumig schlagen, eine halbe Tasse Wasser hinzufügen und weiter schlagen. Zuletzt 150 g Zucker und ein Päckchen Vanillezucker dazugeben und auch diese weiter schaumig in die Masse schlagen. Mehl und Stärke in die schaumige Masse sieben und unterheben. Diese Biskuitmasse in eine gefettete, runde Kuchenform gießen.

Die vier Eiweiße sehr steif schlagen und den Zucker in die Eiweißmasse schlagen. Diese mit einem Löffel in Flocken auf den Biskuitteig setzen. Bei 175 °C Umluft 40-45 Minuten backen. Aus der Form lösen und abkühlen lassen. Den abgekühlten Biskuitboden waagerecht in der Mitte teilen. Die Sahne steif schlagen. Die Gelatine mit kaltem Wasser anrühren und in der Mikrowelle 20 Sekunden bzw. im Topf erwärmen. Gelatine und das zweite Päckchen Vanillezucker, etwas Zucker nach Geschmack und die Johannisbeeren unter die Sahne heben.

Die Sahnemasse auf den Biskuitboden geben, Biskuitdeckel aufsetzen und mit Puderzucker bestreuen.

Da viele Wanderer und Geschäftsleute um die Mittagszeit etwas Herzhaftes erwarten, hat sich das Angebotssortiment der Speisekarte im Café Rosinchen um einiges erweitert. Jetzt bekommt man hier bereits ab zwölf Uhr, wenn andere noch geschlossen haben, eine gute Mahlzeit. „Aktuell bieten wir dreierlei Quiche, Obatzter bzw. verschiedene saisonale Suppen an. Etwas Besonderes sind unsere gluten- und laktosefreien Produkte."

An den Wänden finden sich Bilder heimischer Künstler, die das Café erfolgreich als Verkaufsgalerie nutzen dürfen. Mit ihren Arbeiten ständig vertreten ist Künstlerin Irmgard Habelitz aus Herxheim. Sie hat ihre Steinplastiken persönlich an die besten Stellen im Café positioniert. So bekommt das Rosinchen noch einen besonderen künstlerischen Charme.

"
Dieses wunderbare kleine Café mit seinem besonderen, ursprünglichen Einrichtungsstil übertraf unsere ersten Erwartungen.
"

CAFÉ ROSINCHEN
BEATE WEIDENMAIER
WEINSTRASSE 39
76889 KLINGENMÜNSTER

T 0 63 49 · 996 32 99
MAIL@CAFE-ROSINCHEN.DE
WWW.CAFE-ROSINCHEN.DE

SCHLÖSSL OBEROTTERBACH

EINZIGARTIG GENIESSEN
IM HISTORISCHEN AMBIENTE

Für Freunde stilvollen, französischen
Lebensgefühls wird das Schlössl in Oberotterbach
in der Südpfalz sicher schon lange ein Begriff sein.
Hier, wo sich ein Oberamtsmann aus dem Elsaß im
Jahre 1778 eine zweite Residenz erbauen ließ,
lässt sich heute fürstlich feiern und speisen.

Das beschauliche Schlössl wurde von Familie Düppre gekauft und über Jahre aufwendig und mit viel Liebe zum Detail restauriert. Dabei stand die Erhaltung der historischen Merkmale im Vordergrund, um den Charme der vergangenen Tage für heutige Gäste zu bewahren und lebendig zu halten. Schon der barocke Park erinnert in Architektur und Vielfalt an ein Schloss französischer Herrscher. So ist auch im Innenbereich des Hotels und in den hochwertig und edel gestalteten Zimmern der Hauch vergangener Adelstage überall sichtbar.

Das Schlössl ist mit seinen Möglichkeiten, dem wunderschönen Park, seiner großzügigen Terrasse und vor allem mit seiner hervorragenden Küche zweifellos eine der schönsten Hochzeitslocation der Südpfalz. Ein Gewölbekeller lässt sich dazu in einen traumhaft dekorierten Festsaal verwandeln. „Wir sind sehr flexibel und individuell, sodass auch für die anspruchsvollsten Gäste noch Luft nach oben ist", erklärt Inhaberin Margit Düppre, die mit viel Gespür für Schönes und Edles das Haus zu einer Perle der Südpfalz gestaltet hat.

Ganz zum Niveau des Hotels passen die beiden Restaurants, die vor allem im Gourmetbereich zu den führenden Häusern zählen. Für den Alltag bietet das ‚Gudd Gess' eine gehobene, bodenständige Küche, die Wanderer wie Urlaubsgäste sehr zu schätzen wissen.

Pfälzer Spezialitäten sind dort ebenso zu finden wie kulinarische Klassiker. Die Karte wechselt wöchentlich, denn die Gäste erwarten im Schlössl stets Neues. So kommt es vor, dass sich auch mal ein Rehrücken auf die Karte findet. Der Gastraum befindet sich gut sichtbar direkt neben dem Innenhof, der im Sommer durch große Flügeltüren mit dem Gastraum verschmilzt. Im hinteren Bereich ist die hauseigene Destillerie integriert. Hier wird der Brennvorgang vor den Gästen live zelebriert. So wird das ‚Gudd Gess' zu einem besonderen Erlebnis.

Tu Deinem Leib
etwas Gutes, damit
deine Seele Lust hat,
darin zu wohnen

Teresa von Avila

Für den anspruchsvollen Genießer bietet das Gourmetrestaurant beste Feinheiten, die in perfekter Harmonie auf den
Teller gebracht werden. Im ,Allerheiligsten' des Restaurants,
der Küche, hat Chefkoch Christian Oberhofer die Führung.
Mit Stationen bei Witzigmann, Karlheinz Hauser auf dem Süll-
berg in Hamburg, dem Nato-Stützpunkt auf Sardinien, dem
Colón auf Mallorca und schließlich dem Luther in Freinsheim,
hat der junge Koch die Gipfel der feinsten Küche erklommen.
Mittlerweile hat er auch für das Schlössl viele Auszeichnun-
gen erkocht. Stolz kann er seinen Erfolg präsentieren:
Mit 16 Gault Millaut- und 3 Feinschmecker-Punkten, bzw. 7
Gusto-Pfannen zieht die Fachwelt ihren Hut. Und folglich
kann das Schlössl in der Südpfalz getrost als ,kulinarische
Insel' bezeichnet werden. „Hier sind wir im weiten Umkreis
die einzigen, die eine derartige Gourmetküche bieten", kann
Christian Oberhofer selbstbewusst behaupten.

Aktuell bietet er ein 3-7-Gänge-Menü an. Hier hat der Gast
die Wahl, neben dem Komplettmenü auch nur einzelne Berei-
che, beispielsweise drei Vorspeisen zu wählen.

Die klassische französische Küche wird bereichert durch die besten Produkte, die es auf der Welt gibt. Aktuell begeistert Christian Oberhofer mit einer gebratenen Entenleber mit Kirsch-Pfeffer-Chutney, und Sonnenblumenkernen und Essigschaum. Oder er präsentiert Trüffelravioli mit Ricotta, Spinat und Haselnussschaum. Der Chefkoch ist darauf bedacht, seine Gäste nicht zu überfordern und klassisch nachvollziehbar zu bleiben, damit er möglichst jedem Anspruch gerecht werden kann. Dabei genießt er selbst die volle Unterstützung und die Freiheit, die ihm das edle Schlössl bietet, sodass viel Raum ist für Neues und kreative Ausflüge.

Simone Lehmann ist Restaurantleiterin und Sommelière. Sie unterstützt perfekt das Team von Christian Oberhofer im Service und bei der Auswahl der passenden Weine. „Der Wein ist ein Puzzleteil im Gesamtkonzept. Ich schätze den erfahrenen, feinen Geschmacksinn meiner Kollegin", erklärt Christian Oberhofer. „Hier arbeite ich gerne, denn das Schlössl hat als Hotel und Restaurant großes Potential und ist in dieser ländlichen Idylle der Südpfalz einfach einzigartig."

SCHLÖSSL OBEROTTERBACH
WEINSTRASSE 6 · 76889 OBEROTTERBACH

T 0 63 42 · 923 23 0
INFO@SCHLOESSL-SUEDPFALZ.DE · WWW.SCHLOESSL-SUEDPFALZ.DE

Unser Knowhow bei
der Entwicklung
und Produktion von
Motivnudeln ist
mittlerweile auf
einem so hohen Stand,
dass wir fast jedes
Logo als Nudelform
umsetzen können.

GUTTING PFALZNUDEL

DESIGNER-NUDELN FÜR DIE GANZE WELT

„Unsere Nudeln zaubern ein Lächeln
auf das Gesicht der Menschen. Gerade weil
sie so außergewöhnlich sind, sprechen
sie eine sehr emotionale Sprache."

Ob High-Heels, Traktor oder das Logo einer Firma: „Unsere Nudeln machen glücklich!" Hierin sind Gerlinde Thelen und ihre Tochter Corinna Schreieck sich einig. Und damit sind sie mit ihrer Nudelproduktion aus Großfischlingen schon lange führend in der Welt unterwegs.

Gerlinde Thelen beweist mit ihrem Lebenswerk, dass mit viel Fleiß, Ausdauer und mit dem Streben nach dem Besonderen der Erfolg möglich ist. Schon um fünf Uhr morgens steht sie an den Maschinen und hat so bereits die ersten Tonnen Nudeln produziert, bevor die ersten Mitarbeiter eintreffen. „Die Arbeit in meiner Firma macht mich glücklich", erklärt sie, „ich kann mir nicht vorstellen, einmal in den Ruhestand zu gehen."

Tochter Corinna Schreieck kümmert sich um das Marketing, den Entwurf und die Konzeption neuer Nudeln in Motiv- oder Logoform. Hier war Heinz Thelen mit der genialen Idee, die Nudeln als Motiv zu pressen, der Vorreiter für die Erfolgsgeschichte der Pfalznudel. Mit Hilfe einer eigens angefertigten Matrize experimentierte er gut zwei Jahre, bis die ersten serienreifen Motivnudeln vom Band kamen. In der Weingegend lag es natürlich nahe, dass man sich für eine Weintraube entschied.

"

Jede Nudel braucht
in ihrer Produktion
ihre individuelle
Behandlung. So bekommen
wir immer wieder von
neuem Herzklopfen, wenn
eine neue Produktion
frisch vom Stapel geht.

"

„Bis heute haben wir über 600 verschiedene Motive produziert", berichtet Corinna Schreieck stolz. „Unser Knowhow bei der Entwicklung und Produktion von Motivnudeln ist mittlerweile auf einem so hohen Stand, dass wir fast jedes Logo als Nudelform umsetzen können", berichtet sie. Damit sind die Nudelspezialisten aus der Südpfalz zum Marktführer geworden. „Unsere Nudeln haben einen besonderen Wert, sie sind sehr gut, besonders und ausgesprochen aufwendig in der Produktion", fügt Corrinna Schreieck hinzu. Und so soll die Pfalznudel auch weiter etwas Einzigartiges bleiben und nicht zum Massenprodukt werden.

„Jede Nudel braucht in ihrer Produktion ihre individuelle Behandlung. So bekommen wir immer wieder von neuem Herzklopfen, wenn eine neue Produktion frisch vom Stapel geht", erklärt Gerlinde Thelen. Sie weiß, wovon sie spricht, da sie seit vielen Jahren den kompletten Produktionsprozess steuert und überwacht.

Den Ausgleich zur Arbeit findet Corinna Schreieck in der Musik. Als promovierte Musikwissen-schaftlerin leitet sie aktuell drei Chöre in ihrer Freizeit. „Die Chorarbeit ist für mich pure Ent-spannung für Kopf, Seele und Körper. Hier lasse ich allen Stress zurück und gehe entspannt nach Hause, wo ich mich auf meinen kleinen Sohn Konstantin freue." Auch für Mutter Gerlinde ist die Mitgliedschaft im Chor seit Jahren ein wichtiger Teil des Lebens geworden. „Für mich ist die wissenschaftliche Arbeit und der kreative und betriebswirtschaftliche Bereich in der Firma die ideale Ergänzung. Es macht mich glücklich, in einer besonderen Nudel-Manufaktur arbeiten zu dürfen", erklärt Corinna Schreieck, und man sieht ein Leuchten in ihren Augen.

GUTTING PFALZNUDEL GMBH
GERLINDE THELEN
DR. CORINNA SCHREIECK
HAUPTSTRASSE 43/45 · 67483 GROSSFISCHLINGEN

T 0 63 23 · 571 9
INFO@PFALZNUDEL.DE · WWW.PFALZNUDEL.DE

© 2019 NEUER UMSCHAU BUCHVERLAG GMBH
Neustadt an der Weinstraße

RECHERCHE
Kai-Uwe Lippler · Annweiler

TEXT
Oliver Götz, Föhren und Eva Dawo, Landau

FOTOGRAFIE
Oliver Götz · Föhren
www.werbefotografie-goetz.de
LAYOUT

Dirk Wagner · Wagner Rexin Gestaltung Stutensee

GESTALTUNG UND PRODUKTION
Tina Defaux
Neuer Umschau Buchverlag GmbH

DRUCK UND VERARBEITUNG
NINO Druck GmbH
Neustadt an der Weinstraße
www.ninodruck.de

PAPIER
Tauro Offset

Printed in Germany

ISBN 978-3-86528-945-2

Besuchen Sie uns im Internet:
www.umschau-verlag.de

Wir bedanken uns für die freundlicherweise zur Verfügung gestellten Fotos bei:
Backparadies Kissel, Schloss Edesheim